돈을 빌리는 사람
부동산을 빌리는 사람

돈을 빌리는 **사람**
부동산을 빌리는 **사람**

펴 낸 날   2023년 11월 23일

지 은 이   이제성
펴 낸 이   이기성
기획편집   서해주, 윤가영, 이지희
표지디자인 서해주
책임마케팅 강보현, 김성욱
펴 낸 곳   도서출판 생각나눔
출판등록   제 2018-000288호
주   소   경기도 고양시 덕양구 청초로 66, 덕은리버워크 B동 1708호, 1709호
전   화   02-325-5100
팩   스   02-325-5101
홈페이지   www.생각나눔.kr
이 메 일   bookmain@think-book.com

• 책값은 표지 뒷면에 표기되어 있습니다.
  ISBN 979-11-7048-624-4 (03320)

돈을 빌리는 사람 부동산을 빌리는 사람

사람

돈과 부동산

이제성 지음

생각나눔

서 문

이번에 출간하는 책은 돈과 인플레이션을 쉽게 쓴 책입니다.

돈은 인플레이션 영향으로 돈이 가지는 가치는 하락합니다.

미국을 포함한 모든 나라가 인플레이션 영향을 받아

돈의 가치는 하락합니다.

인플레이션이 생기는 근본적 이유를 통해 돈이 가지는 가치의 하

락에 우리는 어떻게 투자를 해야 우리가 가진 자산을 유지하고

또 자산을 불릴 수가 있을까요?

가치가 하락하는 돈을 활용하여 부를 이루는 사람이 있습니다.

그 사람이 가진 비결은 무엇일까요?

그것은 바로 대출에 비밀이 있습니다.

대출을 활용하여 구매한 부동산 가격을 살펴보면

비록 이자는 내고 있지만 대출받은 돈의 가치는 하락합니다.

하지만 대출로 구매한 부동산은 가격은 올라갔습니다.

이 모든 것은 아파트를 비롯한 부동산을 구매할 때

우리는 알고 있고 또 실천하고 있습니다.

예전에 강남아파트 전세가 5억 원 할 때가 있었습니다.

5억 원 전세 사는 사람 대부분은 은행 돈을 활용하면

집을 마련할 수가 있었습니다.

지금 강남아파트 가격은 20~30억 원 가격으로 폭등하였습니다.

전세 사는 사람이 은행 돈을 활용하여 집을 구매하면

이자는 지급해야겠지요?

은행에 비싼 대출이자를 지급하여 집을 구매한 사람이

부자가 되었을까요?

아니면 은행에 이자를 지급하지 않고 전세 사는 사람이

부자가 되었을까요?

우리는 답을 알고 있습니다.

돈은 빌리는 것이고

부동산은 빌리지 않는 것입니다.

같은 돈을 가지고 전세 사는 사람이 있습니다.

같은 돈을 가지고 자기 집에 사는 사람이 있습니다.

같은 돈을 가지고 월세를 받는 사람이 있습니다.

같은 돈을 가지고 월세를 내는 사람이 있습니다.

누가 부자가 빨리 될까요?

누가 더 큰 부자가 될까요?

선택은 당신이 합니다.

그럼 어떤 지역에 투자해야 할까요?

투자의 근거는 무엇인가요?

또 어떤 상품에 투자해야 할까요?

이 책을 통해 답을 찾고 부자가 되길 축복합니다.

투자대학교장

이제성 드림

contents

서문 4

01. 한 걸음- 위대한 시작   12

02. 앞으로 최소 100년 이상 오를 부동산은 어디에 있을까요?   15

03. 기적의 상품 부동산 1   17

04. 기적의 상품 부동산 2   20

05. 하루 투자해서 번 돈이 10년 연봉보다 많다면   23

06. 돈을 빌리는 사람과 부동산을 빌리는 사람 1   25

07. 돈을 빌리는 사람과 부동산을 빌리는 사람 2   27

08. 쉽게 돈 버는 방법과 어렵게 돈 버는 방법   29

09. 로또 같은 부동산   32

10. 이자 내는 것과 월세 내는 것   34

11. 잔인한 월세 천국   36

12. 잔인한 월세 천국과 행복한 월세 천국   39

13. 부의 사다리   42

14. 슈퍼 직장인 만들기 프로젝트   44

15. 부동산 투자는 입지가 생명이다   46

16. 빌릴수록 수익이 높아지는 레버리지 효과   48

17. 부동산 상식- 매매와 분양   52

18. 차익형 부동산과 수익형 부동산   54

19. 부동산 월세는 왜 월급보다 좋을까요?   56

20. 부동산 월세는 왜 연금보다 좋을까요?   58

21. 사람이 하는 후회 2가지   60

contents

22. 부동산은 돈이 있어야 산다. 이 말은 사실일까요?   63

23. 우상향 곡선   66

24. 빠꾸(후퇴)는 없다- 편리함 편 1   68

25. 빠꾸(후퇴)는 없다- 편리함 편 2   70

26. 당구 좋아하세요?   72

27. 치맥 좋아하는지요?   74

28. 숫자 99.7을 아시나요?   77

29. 과거라는 시간은 우리를 부자로 만드는 교과서   79

30. 루머와 뉴스   81

31. 떡을 먹고자 하는 사람은 콩고물을 흘려야 한다   85

32. 사촌이 논을 사면 배가 아프다   87

33. 울면서 후회하네~   89

34. 내년에는 한 살 더 먹는다   91

35. 따님의 꿈을 도와 드립니다   92

36. 지금까지 지급한 임대료만 10억이 넘는다   94

37. 상추와 금추 / 배추와 금추 / 김치와 금치   97

38. 새 제품보다 중고 제품이 비싼 상품은?   99

39. 소주 가격 5천 원의 의미   101

40. 순간의 선택이 10년을 좌우한다   103

41. 국방부 시계는 돌아간다   105

42. 준비하고 쏘세요!   107

43. 바람이 보이느냐? 109

44. 장고 끝에 악수 둔다 112

45. 일기예보를 믿습니까? 114

46. 처음 간 식당에서 음식을 주문할 때 117

47. 야! 제비다! 119

48. 니들이 게 맛을 알어! 121

49. 매화꽃이 피면 봄이 온 줄 알거라! 123

50. 탈무드에 나오는 물고기 이야기 125

51. 학사, 석사, 박사, 나사 127

52. 일급, 주급, 월급 129

53. 아끼다 똥 된다 132

54. 깝죽대다 뒤진다 134

55. 당신은 무엇을 파시나요? 136

56. 소나무 138

57. 별이 빛나는 밤에 140

58. 월급쟁이의 꿈 142

59. 장사하는 사람의 꿈 144

60. 첫 직장이 어디니? 147

61. 시간의 흐름에 따른 돈과 백화점 상품권과 구두 상품권 149

62. 곶감 빼먹다 죽는다 151

63. 꾸준함의 무서움 153

contents

64. 당신이 잠자는 사이에 돈을 벌 수가 없다면   156

65. 살다 보니!   158

66. 땅의 역사 부동산의 역사   160

67. 우리를 가난하게 만드는 습관- 다음에 / 생각해 보겠습니다   162

68. 거꾸로 하는 투자법   164

69. 100세 장수 시대에 맞는 투자법   166

70. 투자의 성공 비결 1- 그림자처럼 움직여라   168

71. 투자의 성공 비결 2- 바늘 가는 데 실이 간다   170

72. 투자의 성공 비결 3- 숟가락 하나   172

73. 투자의 성공 비결 4- 물처럼   175

74. 투자의 성공 비결 5- 발자국 투자법   177

75. 투자의 성공 비결 6- 시간을 활용한 투자법   179

76. 아파트 투자의 성공 비결- 사다리차가 많이 보이거든   181

77. 아파트 분양의 성공 비결- 떴다방을 아시나요?   183

78. 분양의 저주, 미분양의 축복   185

79. 지식산업센터 투자의 좋은 점!   187

80. 사람들이 주로 하는 투잡   189

81. 우리가 자주하는 착각의 자유   191

82. 리더란 선택을 하는 사람   194

83. 아름다운 사람- 장사꾼   197

84. 없어져야 할 유교 관념- 사농공상   200

85. 나이 드신 사람이 가지고 있는 기억의 가치는 얼마일까요? 202

86. 안 산 땅 만 평이 넘어! 204

87. 산에 가면서 느낀 주식 투자와 부동산 투자 206

88. 개미들의 돈을 빨아먹는 공매도 209

89. 공매도의 피해를 줄이는 ETF, ETN 투자 211

90. 엉터리 투자의 3요소 213

91. 유치원생과 대학생이 권투를 하면 누가 이길까요? 215

92. 늪을 아시나요? 217

93. 삼성전자의 주인은 누구일까요? 219

94. 산불의 형태에서 깨달은 주식 투자의 성공 비결 221

95. 테마주 투자 223

96. 고스톱에서 배우는 주식 투자 성공비결 225

97. 주가는 계단과 엘리베이터를 통해 움직입니다 228

98. 주식 투자는 희망과 실망 사이입니다 230

99. 주식 투자는 반려견과 산책하는 것과 비슷합니다 233

100. 적립식 펀드 투자보다 더 좋은 적립식 투자 235

101. 차트와 배낭 238

01
한 걸음-
위대한 시작

한 걸음이 없다면 여행도 없습니다.
한 걸음이 없다면 등산도 없습니다.
편안한 집에서 한 걸음 시작하여야
모든 여행과 등산이 시작됩니다.
많은 순례길도 한 걸음에서 시작됩니다.

한 걸음 비록 보잘것없지만
인류의 역사는 한 걸음에서 시작되었습니다.
1903년, 라이트 형제의 비행기는 12초 동안 36.5미터 날았고
마지막 비행은 59초 동안 약 260미터를 난 것에 불과합니다.
라이트 형제의 비행기 한걸음이 세계 여행의 대중화를 이끌었고
세계 경제 발전의 비약적인 발전을 이루어냈습니다.

한 걸음 그 위대한 시작은 신대륙을 발견하였고,

오늘날 세계 최강 미국이 탄생하게 된 계기가 되었습니다.

1963년 아폴로 11호를 타고 달나라 도착하여 달에 발자국을 남긴

암스트롱이 한 말이

인류 역사의 상징과도 같습니다.

"이것은 한 사람의 작은 발걸음에 불과하지만,

인류에게는 위대한 도약이 될 것입니다."

소를 판 돈으로 시작된 정주영 회장의 한 걸음이 오늘의 현대 그

룹이 되었고, 또 건강한 먹거리를 시작한 콩나물과 두부가 오늘

의 풀무원이 되었습니다.

가장 작은 공동체인 가정에서 인류의 역사는 안정적으로 시작되

었고, 또 그 힘으로 인류는 비약적으로 발전하였습니다.

부를 이루는 과정도 저축이라는 한 걸음에서 시작합니다.

그것을 우리는 종잣돈이라고 부릅니다.

종잣돈은 투자의 씨앗이라고 합니다.

저축의 씨앗이라는 말은 없습니다.

다시 말하면 모인 돈은 반드시 어떤 곳이든 투자를 하게 되어 있

습니다.

그럼에도 불구하고 투자를 못 하였다는 것은 사람에게 사기를 당

했거나 저축만 하였다면 시간이라는 인플레이션에 사기당했다는 이야기입니다.

보통 투자는 두가지 방향으로 진행됩니다.
주식 투자를 주로 하거나 부동산 투자를 주로 하거나입니다.
물론 비중의 문제이지만, 통상 사람은 두 가지를 병행하여 투자합니다.
주식 투자를 하는 사람보다 부동산 투자를 하는 사람이 더 많은 돈을 법니다.

그 비밀은 첫 번째가 인플레이션에 있습니다.
물가는 올라가고 돈의 가치는 떨어지기 때문에 부동산의 투자 수익이 좋습니다.
두 번째는 투자 수익의 확률에 있습니다.
주식 투자는 성공 확률이 10%가 안 되지만
부동산 투자는 실패할 확률이 10%가 안 됩니다.
그것은 여러분이 투자하였기 때문에 여러분 스스로가 이미 검증하였을 것입니다.

부를 이루는 투자도 그 한 걸음이 중요합니다.

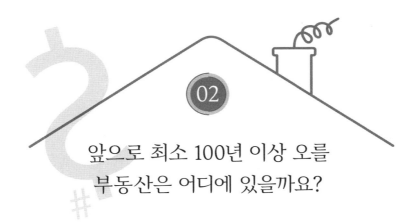

앞으로 최소 100년 이상 오를
부동산은 어디에 있을까요?

앞으로 최소 100년 이상 오를 부동산은 어디에 있을까요?

에이 허풍이 너무 심한 것 아닌가요?

내년도 볼 수가 없는데 어떻게 최소 100년 이상 오를 부동산이라니요?

세상천지에 최소 100년 이상 오를 부동산이 어디에 있다고

큰소리를 치십니까?

100년 이상 오른 부동산은 수도 없이 많습니다.

다만 내가 발견하지 못했을 뿐입니다.

먼저 500년간 부동산이 오른 도시는 고려의 개경이었습니다.

고려의 개경은 고려가 망하기 전까지 500년간 부동산이 올랐습니다.

그럼 600년간 오른 도시는 어디일까요?

바로 서울입니다.

서울은 조선의 한양에서 대한민국의 서울로 변모하는 동안

600년간 올랐습니다. 그리고 아직도 진행 중입니다.

그럼 1000년 동안 오른 도시는 어디에 있을까요?

바로 경주입니다.

경주는 신라에서 통일신라로 가는 동안 1000년 동안 올랐습니다.

부동산은 한번 불이 붙으면 100년간 오르는 것은

흔히 볼 수가 있습니다.

찾으면 보이는 것이 부동산입니다.

왜냐하면, 부동산은 실체가 있기 때문입니다.

이 책은 앞으로 적어도 100년간 이상 오를 부동산의 원리와

그곳을 투자하는 사람이 부자가 되기를 바랍니다.

기적의
상품 부동산 1

부동산의 매력은 하루를 투자하면

서민의 10년 연봉 이상을 벌 수 있는 상품입니다.

하루를 투자하여 구매한 아파트가 5억 올랐다는 이야기와

10억 올랐다는 이야기는 우리 주변에서 자주 듣는 이야기입니다.

때때로 사람의 운명을 바꾸는 것이 부동산입니다.

그래서 부동산은 그냥 단순한 부동산이 아니라

서민의 10년 연봉 이상을 벌 수 있는 상품이면서

종종 사람의 운명을 바꾸기도 하는 기적의 상품이기도 합니다.

그래서 우리는 부동산을 공부해야 하며,

좋은 부동산을 발굴해야 하고, 또 투자해야 합니다.

600년 전에 한양에 집을 잡은 조상 덕분에

지금도 혜택을 누리는 후손이 많습니다.

우리는 돈을 벌기 위해 1년 내내 열심히 일합니다.

그 돈으로 생활도 하고, 여행도 하고, 내 꿈을 위해 또는 가족을 위해 위해 사용하기도 합니다.

1년이 지나고 보면 저축한 돈이 별로 없다는 것이 현실입니다.

좋은 부동산을 투자한다는 것은 단 하루만 투자하여도 서민의 10년 연봉 이상을 버는 기적의 상품이고,

때론 운명의 상품입니다.

그래도 "부동산에 관심이 없다."라고 하는 말하는 것은 돈을 벌기 싫다고 말하며 열심히 돈을 벌려고 하는 거짓말쟁이거나 머리가 나쁜 어리석은 사람입니다.

잊지 마세요!

대한민국 부는 부동산에서 나왔습니다.

앞으로도 여전히 대한민국 부는 부동산에서 나올 확률이 높습니다.

과거부터 현재까지도 부의 기준은 부동산을 얼마나 많이 소유하고 있는 것에서 시작합니다.

아파트, 빌딩, 땅 등 부동산은 부동의 가치를 가지기 때문입니다.

물가 중에 가장 많이 오른 것이 부동산입니다.

그래서 대한민국 부자는 부동산에서 나왔습니다.

전세나 월세를 지급하는 사무실, 상가, 주택 이용자보다는 대출을 활용하여 부동산을 취득한 사람이

부를 빨리 그리고 더 많이 형성하였습니다.

인플레이션으로 인한 돈의 가치 하락과 부동산 가치의 상승,

부동산 월세로 받는 돈이

은행에 지급하는 이자보다 높기 때문입니다.

하지만 부동산을 갖기 위해서는 먼저 돈이 필요한 것도 사실입니다.

사람은 먼저 쉽게 구하는 것부터 생각합니다.

먼저 부동산을 빌리는 방법은 쉽습니다.

그냥 돈에 맞게 전세와 월세를 구하면 됩니다.

쉽게 부동산을 구하는 것보다 조금 어려운 방법이

돈을 빌려 부동산을 소유하는 방법입니다.

부동산을 그냥 빌리는 것과 비교하면 더 어렵지만

돈을 빌려 부동산을 구매하는 것은 부자로 가는 시작입니다.

왜냐하면, 부동산의 가치는 해마다 오르지만

돈의 가치는 해마다 떨어지기 때문입니다.

돈은 빌리고 부동산은 빌리지 않은 것은

'대한민국 부는 부동산에서 나온다.'라는 것을 실천하는 사람입
니다.

04

기적의
상품 부동산 2

우리는 돈을 지급하는 것을 돈을 소비한다고 이야기를 합니다.

돈을 소비하는 행동임에도 불구하고

부동산을 사는 행위,

주식을 사는 행위,

금을 사는 행위는

'소비라고 부르지 않고 투자한다.'라고 이야기를 합니다.

그렇게 부르는 이유는 일반적인 소비는

돈을 사용하면 돈이 없어지지만

부동산, 주식, 금을 사는 순간 돈은 일시적으로는 없어지지만

나중에 더 큰돈으로 되돌아온다는 것을 알고 있기에

또 믿고 있기에

우리는 투자라고 부릅니다.

사실 주식 투자는 확률적으로

주식으로 돈을 소비하는 사람이 많습니다.

즉, 많은 사람이 주식 투자를 하지만

투자 손실을 본 사람이 많다는 이야기입니다.

주식 투자로 돈을 버는 소수의 사람은 주식 투자가 맞습니다.

이 소수의 사람은 준비된 투자 실력이 있는 사람입니다.

부동산은 기적의 상품입니다.

그 이유는 다음과 같습니다.

1. 물가는 빠꾸(후퇴)가 없기에 분양가는 계속 상승합니다.

그래서 보통은 분양가가 가장 저렴합니다.

가끔 분양가보다 마이너스 가격으로 매물이 나오는 경우가 있지만

그것은 일시적인 현상입니다.

2. 단 하루만 투자하여도

서민의 10년 연봉을 버는 유일한 상품입니다.

여러분이 사는 집이 얼마나 올랐는지를 보면

금방 이해가 될 것입니다.

특히 강남아파트를 구매한 사람은 확실하게 아실 것입니다.

3. 조선의 한양은 대한민국의 서울로 변모하는 동안
600년간 부동산은 올랐습니다.
그만큼 안전한 재산입니다.

4. 신도시의 시범아파트, 역세권의 분양오피스텔, 지식산업센터 등
최초 분양하는 부동산상품은 위치는 가장 좋은데
가장 저렴하게 분양합니다.
그래서 처음 물건을 분양받으면 실패 확률이 매우 낮습니다.
그것은 최초 분양하는 부동산 상품은
향후 부동산 분양의 성패를 좌우하기 때문에
전략적으로 저렴하게 분양하는 경우가 많습니다.

5. 가장 많은 사람이 다른 어떤 상품에 투자하신 것보다
부동산투자로 이미 수익을 보셨습니다.
그래서 아직도 부동산 불패신화는 곳곳에 남아 있습니다.

6. 과거 600년간 부동산 불패신화를 쓴 서울도 있고
앞으로 최소 100년 이상 부동산 불패신화를 쓸 평택도 있습니다.

그래서 부동산은 운명을 바꾸는 기적의 상품이 되는 것입니다.

하루 투자해서 번
돈이 10년 연봉보다 많다면

이런 말도 안 되는 일이 대한민국에서 벌어지고 있습니다.

이런 사기 같은 일이 오늘도 대한민국에서 일어나고 있습니다.

도대체 어디에서 그런 일이 벌어지고 있을까요?

혹시 여러분도 그런 혜택을 누리고 있나요?

아마 많은 사람이 누리고 있을 것입니다.

바로 여러분이 산 집이 5억 이상 올랐다면

여러분은 바로 기적의 상품을 체험한 주인공입니다.

비단 아파트뿐만 아니라, 여러분이 투자한 지식산업센터와 상가도

5억 이상 올랐다면 여러분이 바로 기적의 상품 주인공입니다.

지금도 기적의 상품이 여기저기에서 생겨나고 있습니다.

그것이 기적의 상품인지 아니면 애물단지로 변하는지를

선택하는 것은 여러분의 안목입니다.

또 일시적 애물단지도 대부분 시간이 지나면
거의 다 기적의 상품으로 변모합니다.
일례로 불과 몇 년 전 미분양의 무덤이라는 동탄 아파트도
순식간에 배 이상 올라 수억을 벌었습니다.
이런 기적의 상품 혜택을 보지 못한 사람 중에는 서민이 많습니다.
서민은 누구보다 열심히 일합니다.
그래도 경제적 여력은 별로 없습니다.
그것은 기적의 상품을 만나지 못했기 때문입니다.
서민을 중산층으로 중산층은 부자로
부자는 꼬마 빌딩주로 만들어 가는
부의 사다리가
바로 기적의 상품입니다.

기적의 상품 시작하는 사람이 주인공입니다.
왜냐하면, 부동산에서도 시작이 반입니다.

돈을 빌리는 사람과
부동산을 빌리는 사람 1

돈을 빌리는 사람과 부동산을 빌리는 사람의

자산 형성은 어떻게 다를까요?

자본주의는 돈의 활용에 따라 부의 결과가 다르게 나타납니다.

부동산을 빌리는 사람과 돈을 빌리는 사람이 대표적인 경우입니다.

부동산을 빌리는 대표적인 것이 월세와 전세이고

돈을 빌리는 것의 대표적인 것이 이자입니다.

우리 부모님 시대부터 현재까지 대출을 활용하여

집을 구매한 사람이 부를 만들어 왔습니다.

그래서 월세 사는 사람의 꿈이 전세이고

전세 사는 사람의 꿈이 자기 집입니다.

지금 전세 시장이 무너지고 있는 부동산 현실은

자가의 꿈으로 이어지는 사다리가 없어지는 것과 같습니다.

월세는 서민에게 더욱 가혹합니다.

비용 부담 때문에 더욱 작은 공간을 강요당하고 있습니다.

삶의 질이 나빠지고 행복의 질도 낮아지고 있습니다.

부자가 되는 꿈

부동산을 빌리는 방법보다

먼저 돈을 빌리는 방법에서 출발하여야 합니다.

전세나 월세를 내는 사무실, 상가, 주택보다는

대출을 활용하여 부동산을 취득한

사람이 부를 빨리 그리고 많이 형성하였습니다.

그 이유는 다음과 같습니다.

1. 인플레이션으로 부동산 가치는 오르고 돈의 가치는 내립니다.

2. 부동산 가치의 상승은 임대료의 상승으로 이어져

임차인은 늘 오르는 임차료 때문에 부의 형성에 차질이 발생합니다.

3. 부동산 월세는 이자보다 항상 높습니다.

결론적으로 말씀드리면 부동산을 빌리는 것보다

돈을 빌리는 방법을 먼저 생각하고

업종에 맞는 장소와 방법을 찾아야 할 것입니다.

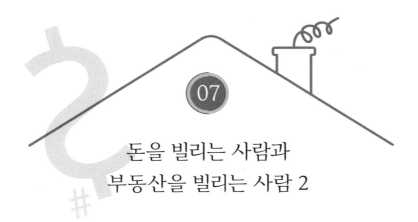

07

돈을 빌리는 사람과
부동산을 빌리는 사람 2

돈을 빌리는 사람과 부동산을 빌리는 사람의 부의 차이는

어떻게 나타날까요?

가장 대표적인 사례가 아파트입니다.

아파트 전세는 부동산을 빌리는 사람입니다.

아파트 전세를 살 능력이 있는 사람은

대출을 받으면 아파트를 구매할 수 있습니다.

대출을 받아 아파트를 구매한 사람이 있습니다.

이분은 돈을 빌리는 사람입니다.

누가 돈을 벌었을까요?

누가 돈을 버는 데 유리할까요?

과거라는 시간을 대입하면 답이 바로 나옵니다.

예를 들면 10년 전에 대출을 받아 아파트를 구매한 사람과 계속 전세를 산 사람을 비교하면 누가 재산이 많이 늘어났을까요?

여러분도 바로 답을 알 수가 있습니다.

삼성그룹도 돈을 빌립니다.

현대그룹도 돈을 빌립니다.

부자도 돈을 빌립니다.

돈을 빌리는 것이 자본주의의 본질 중 하나입니다.

그럼 돈을 빌리듯이 부동산을 빌리는 사람은 어떻게 될까요?

부동산을 빌리는 사람은 오르는 전세와 월세를 감당하다 보면

내 재산은 늘어날 수가 없습니다.

그래서 돈을 빌리고 부동산을 빌리지 말자!

왜냐하면, 돈은 그냥 종이에 찍어내기에

인플레이션에 그대로 노출되기 때문입니다.

자본주의의 본질은 약간의 오류는 있지만 한 줄로 요약하면

인플레이션입니다.

부동산은 인플레이션을 근간으로 하는 자본주의를 이깁니다.

그래서 우리는 물가상승률 이상의 가치에 투자해야 투자라고 합니다.

돈은 빌리고 부동산은 빌리는 말자!

먼저 종잣돈을 만들고 부족한 돈은 신용자산을 활용하여

좋은 부동산에 투자한다면 우리는 부자가 될 수가 있습니다.

08

쉽게 돈 버는 방법과
어렵게 돈 버는 방법

1. 조금 어렵게 돈을 버는 방법

취직하여 돈을 벌면 됩니다.

알바부터, 계약직, 정규직으로 갈수록 노력을 더 많이 해야 합니다.

그 노력의 결과는 정규직이 되는 순간 큰 보상을 받습니다.

2. 매우 어렵게 돈을 버는 방법

주식 투자를 하면 됩니다.

사람은 주식 투자를 하면 더 빨리,

더 많은 돈을 번다고 생각합니다.

그 생각이 착각이란 것을 깨닫는 순간이 갑자기 옵니다.

그것은 돈을 잃어보면 바로 깨닫습니다.

주식 투자로 돈 벌기 정말 어렵습니다.

주식 투자로 돈을 쉽게 번다면

수많은 주식 전문가가 필요 없겠지요.

방송에 나오는 많은 전문가도 다 돈을 버는 것은 아닙니다.

그렇지만 돈을 잃어 본 사람은 전문가의 도움을 받기도 합니다.

그만큼 주식 투자가 어려운 것을 반증합니다.

얼마나 어려우면 주식 투자로 얻는 수익에 대해서는

정부가 양도세를 부과하지 않습니다.

이는 주식 투자로 돈 벌기가 얼마나 어려운 것인가를

정부도 알기 때문입니다.

3. 정말 쉽게 돈을 버는 방법

좋은 부동산에 투자하면 됩니다.

좋은 부동산은 단 하루만 투자하여도

서민의 10년 연봉 이상을 버는 상품입니다.

어떤 부동산은 단 하루를 투자하여 10년 연봉을 벌기도 합니다.

「응답하라 1988」 드라마 마지막 회 방송이

허름한 판교로 이사 가는 것으로 끝이 납니다.

드라마처럼 그렇게 하였다면 10년 연봉을

하루 만에 버는 선택을 한 것입니다.

우리 민족 중에 누군가는 600년 전에 개경에서

한양으로 조선왕조 따라 이사 와 600년간

땅값이 오른 수혜를 입은 후손도 분명히 있을 것입니다.

이것이 바로 운명을 바꾼 부동산입니다.

다시 말하면 조상 덕을 자자손손 누리고 있는 것입니다.

그만큼 부동산은 돈을 벌기 쉬운 기적의 상품입니다.

그래서 정부에서도 부동산 양도세에 대한 과세만큼은
절대로 포기할 수가 없습니다.

부동산 양도세 포기는 국가 살림을 위태롭게 하기 때문입니다.

다른 표현으로는 부동산은 그만큼 돈 벌기 쉬운 상품이고,

쉬운 만큼 과세하기도 쉬운 상품이라는 증거입니다.

돈을 정말 어렵게 벌고 싶다면 주식 투자를 하면 됩니다.

돈을 정말 쉽게 벌고 싶다면 부동산 투자하면 됩니다.

그 선택은 본인이 결정합니다.

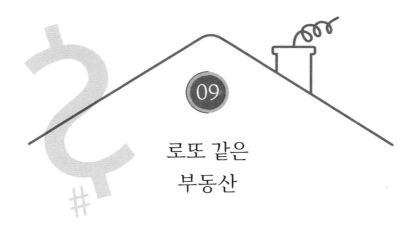

09

로또 같은
부동산

서민은 로또에 당첨되는 꿈을 다 가지고 있습니다.

어떻게 보면 기댈 언덕이 로또밖에 없어 그런지도 모릅니다.

저 역시 매주 로또를 사면서 희망을 꿈꿉니다.

로또 비용은 담배를 안 피우는 보상으로 간주하며

부담 없이 지급합니다.

돈이 없을 때는 천 원으로 한 주의 로또를 사고,

보통은 만 원 내외의 로또를 구매합니다.

확률상 안 되는 줄 알면서도 매주 로또 구입을 하는 것은

누군가는 당첨되는 사람이 있기에 구매합니다.

그리고 '이번에는 내가 당첨되기를 간절히 바라며'

염원을 담아 구매합니다.

저 역시 3등에 당첨된 적이 한 번 있었습니다.

부동산에도 잘 고르면 로또 같은 부동산이 있습니다.

큰돈을 투자하지 않고 큰 수익을 볼 수 있는

로또 같은 부동산은

노력하는 사람의 몫입니다.

지금도 로또 같은 부동산이 있습니다.

또 생겨납니다.

왜냐하면, 부동산은 움직이는 생물이기 때문입니다.

소액으로 투자하여 부자가 되는 사다리를 잘 찾아보면

지금도 부동산 로또가 있습니다.

생각보다 로또 같은 부동산이 많습니다.

그리고 로또와 다르게 부동산 로또는 꽝이 없습니다.

10

이자 내는 것과
월세 내는 것

저자가 좋아하는 고객님이 월세를 내고 병원을 운영하다가

주변에 짓는 건물을 분양받았습니다.

시간이 지나 보니 분양받은 건물 가치는 계속 올라

분양을 잘 받은 것 같다고 말씀하셨습니다.

만일 계속 임대를 하였다면 임대료는 계속 올랐을 것이고

또 시간이 지나면 그때 분양받지 못한 것을 후회했을 것이다.

건물 분양을 받은 덕분에 안정적으로 진료하면서

어느 순간 부동산은 몇 배 올랐고

이것이 또 하나의 노후사업이 되었다고 말씀하신 것을 보면서

역시 돈은 빌리고(비용은 이자만 내면 되고)

부동산은 빌리면 안 된다는 것을 또 느꼈습니다.

만일 부동산을 빌렸다면 계속 오르는 임대료를 감당하기가 힘들

수가 있고, 오르는 임대료 때문에 수년간 일한 사업장을 옮기는 경우도 발생할 수가 있습니다.

또 오르는 임대료 때문에 돈 버는 재미는 점차 없어지겠죠.

월세는 받고, 이자는 내는 삶

즉, 부동산은 빌리지 말고 돈은 빌리자!

잔인한
월세 천국

전국의 주택보급률은 100%가 넘었습니다.

그래도 여전히 전세와 월세 사는 사람이 많습니다.

전세 사는 사람은 점점 반월세와 월세로 계층 이동을 하고 있습니다. 집값 폭등에 따른 전세가 폭등이 낳은 결과입니다.

주택보급률이 200%가 넘으면 전세와 월세가 없어질까요?

주택보급률과는 상관없이 전세와 월세는 없어지지 않습니다. 왜냐하면, 전·월세 사는 사람의 주택구매력이 여전히 낮기 때문입니다.

대표적으로 DSR 등 대출규제는 주택구매력을 떨어뜨리고 있습니다.

그렇다고 대출규제를 예전처럼 완화하면

금융기관의 부실화 가능성이 올라가기에 규제 완화도 쉽지 않습니다.

또 1인 가구의 증가는 필연적으로 전·월세 시장의 증가로 이어지고 있습니다.

특히 월세 시장의 지속적인 증가는 어쩔 수가 없는 현실입니다.

월세 시장의 증가는 삶의 질을 무너뜨리는 요인이 되고 있습니다.

대다수 월세 시장은 좁은 공간이나 반지하 등이 많습니다.

깨끗한 투룸은 되어야 개인의 생활 공간이 어느 정도 나오는데 비용 때문에 좁은 원룸과 고시원 등은 사회생활에 많은 제약이 따릅니다.

신혼 때 반지하 생활을 한 적이 있지만

환기 문제와 채광 등의 문제가 항상 있습니다.

홍수와 장마 때에는 침수의 생활이 있는 공간이 반지하입니다.

이런 공간 대부분이 월세 시장입니다.

그래서 월세 시장을 잔인한 월세 시장이라고 부릅니다.

문제는 주택보급률이 높아질수록 월세 시장이 줄어들어야 하는데 그렇지 못하는 것이 현실입니다.

비단 주택 시장만이 아닙니다.

상가도 월세 시장, 사무실도 월세 시장, 공장도

월세 시장이 대세입니다.

이는 저금리로 인해 전세 시장이 축소되고 있기 때문입니다.

유일한 대책이 금융(대출)을 이용해서

자기 소유로 만드는 것밖에는 없습니다.

그렇게 하기 위해서는 많은 돈이 필요합니다.

쉬운 길이 아닙니다.

대안으로 지식산업센터를 추천합니다.

지식산업센터는 아파트처럼 익숙한 상품이 아닙니다.

그래서 돈보다 더 중요한 것은 바로 용기입니다.

모든 것은 처음이 힘듭니다.

부의 사다리가 점점 없어지고 있기 때문입니다.

유일한 부의 사다리인 지식산업센터로

월세 시장에서 벗어나길 축복합니다.

모든 지식산업센터가 부의 사다리는 아닙니다만

기업이 몰려오면서 사람이 늘어나는 곳은

부의 사다리 역할을 충분히 할 것으로 예상합니다.

잔인한 월세 천국과
행복한 월세 천국

'잔인한 월세 천국' 주택보급률과 상관없이 서민은

잔인한 월세 시장으로 몰리는 현실을 이야기하였습니다.

월세 시장이 잔인한 것은 단기간의 비용으로 끝나지 않습니다.

짧게는 몇 년에서 길게는 수십 년을 매월 월세를 부담하기에

매우 고통스러운 비용입니다.

길게는 평생을 월세에서 벗어나지 못하는 사람도 있습니다.

심하면 자자손손 가난이 대물림되는 경우가 있는 것이

부동산 월세 시장입니다.

그래서 잔인한 월세 천국이라는 표현을 사용한 것입니다.

물론 처음부터 월세 생활하신 사람도 있지만

대다수는 사업의 실패와 투자 실패로 인하여

부동산 월세 시장으로 추락한 사람입니다.

저는 성공투자를 통하여 대한민국 국민이라면

누구나 부자로 살 권리가 있기에 투자의 실패 대신에

투자 성공하기를 바라는 마음에서

투자의 성공비결을 발굴하고 전파하고 있습니다.

투자는 힘센 놈이 이기는 싸움이다.

그래서 힘센 놈과 함께 가야 합니다.

책『땅 투자 땅 짚고 헤엄치기』와

『투자 바이블』에서 강조한 것입니다.

잔인한 월세 천국 대신에 행복한 월세 천국을 누리기를 축복합니다.

매월 받는 월세는 내가 일을 하는 동안

나를 대신하여 또 다른 돈을 벌어 주는 또 다른 월급입니다.

즉 나도 일하고 나의 아바타도 일하는 진정한 맞벌이입니다.

육아 고민 없는 맞벌이가 바로 부동산 월세 받는 것입니다.

얼마나 행복한 월세 시장인가요?

은퇴하면 부동산 월세는 바로 연금으로 변신합니다.

국민연금에 합산하면 여유로운 은퇴 생활이 가능합니다.

이 세상 소풍이 끝나면 자녀에게 부동산 월세라는

직업을 물려줍니다.

그래서 자자손손 물려주는 부동산은 진짜 소유하는 재산이고

인플레이션을 방지하기에 진짜 재산이고

매월 월급을 주기 때문에 진짜 직업이면서 사업이고

많이 가질수록 부를 상징하기 때문에 진짜 신분, 계급인 것입니다.

그래서 부동산으로 월세를 받는다는 것은 얼마나 행복할까요?

부동산 월세는 주택, 아파트, 상가, 오피스, 오피스텔 등

다양하게 많습니다.

지금도 월세를 오랜 시간 동안 내신 사람 중에 이제까지 낸

월세로만 건물을 살 수가 있다고 이야기 사람도 있습니다.

처음에는 어떻게 할 수 없이 부동산 월세로 시작하였지만

지금은 조금만 용기를 낸다면 지금 그 자리는 아니지만

부동산 월세 받는 부동산을 살 수가 있습니다.

잔인한 월세 천국 대신 행복한 월세 천국을 꿈꾸면 어떻습니까?

13

부의
사다리

요즘은 신분의 사다리가 없어졌다고 합니다.

개천에서 용이 난다는 말이 옛말이 된 것은

사법고시가 없어지고 로스쿨이 생기면서

본격적으로 사용된 말입니다.

로스쿨은 기본적으로 많은 학비가 소요되기 때문에

신분의 사다리가 없어진다는 말이 더 실감 나게 들립니다.

신분의 사다리뿐만 아니라 부의 사다리도 없어지는 추세입니다.

대한민국 중산층이 탄탄한 이유 중 하나가

우리 세대에는 결혼하면서 부모님의 도움으로

전세에서 신혼생활을 출발하는 경우가 많았습니다.

조금만 더 보태면 전세 대신 대출받아

자기 집을 마련할 기회가 많은 것이 우리 세대입니다.

그런 우리 세대도 IMF와 금융위기 그리고 코로나 위기를 겪으면서 자녀에게 전세자금을 마련해주기가 쉽지 않게 되었습니다.

비싼 집값은 당연히 전세도 비쌉니다.

우리 세대에 겪은 IMF를 비롯한 3대 위기는

자녀에게 전세자금을 부담하기가

현실적으로 만만하지 않습니다.

다른 말로 표현하면 부의 사다리가 없어지고 있다는 증거입니다.

부의 사다리가 없어지고 있는 상황에서

마지막 남은 부의 사다리를 소개합니다.

바로 지식산업센터입니다.

중요한 것은 지식산업센터 위치한 입지입니다.

최고의 입지는 지식산업센터를 사용하는 기업과 공장이

많이 위치한 곳입니다.

그것은 여러분이 조금만 발품과 검색을 하면

금방 알 수가 있습니다.

14

슈퍼 직장인
만들기 프로젝트

얼마 전 뉴스에서 월급 외 소득이 월 5천만 원 이상인
슈퍼 직장인이 4천 명 넘었다는 기사를 보았습니다.
급여 외 임대소득과 이자소득 그리고 배당소득을 합쳐서
월 5천만 원이 넘는다고 하니 슈퍼 직장인이 부럽기만 합니다.
그런데 그 슈퍼 직장인이 처음부터 슈퍼 직장인이 되었을까요?
처음에는 급여 외에 월 50만 원을 목표로 시작하지 않았을까요?
월급 외에 월 50만이 생길 수만 있다면 얼마나 좋을까요?
그런데 월급 외 월 50만 원을 만들다 보니 월 100만 원 만들기는
처음보다 쉽게 만들어지겠죠?
무엇이든 처음이 힘들다고 합니다.
왜냐하면, 안 해 본 일이니까 실패에 대한 두려움이 있습니다.
그 두려움을 극복하기 위해서는 용기가 필요합니다.

두려움을 극복한 용기에 대한 보상이

월급 외 소득으로 돌아온 것입니다.

슈퍼 직장인의 소득은 무엇이 주소득일까요?

우리나라는 배당에 인색하니 배당금은 아닐 것입니다.

지금 저금리 시대이니 은행이자 역시 아닐 것입니다.

그럼 부동산 월세밖에는 없네요.

맞습니다.

부동산 월세는 매월 받는 것입니다.

부동산 가격은 웬만하면 해마다 오릅니다.

10년 단위로 보면 항상 오릅니다.

슈퍼 직장인으로 가는 길 부동산 월세가 답이네요.

하나가 둘이 되고, 둘이 넷이 되는 부동산 월세 시장

소액부터 가능한 부동산 월세 상품으로

너도나도 슈퍼 직장인이 되는 길

시작이 반입니다.

작은 월세 부동산으로 시작해보세요.

15

부동산 투자는
입지가 생명이다

우리가 부동산 투자를 하면서 위험이 없는 이유 중 하나가

부동산의 입지가 고정되어 있기 때문입니다.

그래서 우리는 부동산의 입지를 보고 가치를 판단합니다.

상주인구는 얼마이고, 유동인구는 어떻게 되는가?

사람의 나이는 어떻게 되는가?

사람의 동선은 또 어떻게 되는가?

출근길인가? 퇴근길인가? 등을 살펴보고 투자를 결정합니다.

이러한 모든 가치가 반영된 것이 부동산의 가격입니다.

부동산의 위치는 고정이지만 사회 환경에 따라

부동산이 가지는 입지 가치는 역시 변합니다.

예를 들면 통일신라 때는 경주가 최고로 비싼 부동산입니다.

고려는 개경이 최고의 부동산입니다.

조선은 한양이, 대한민국은 서울이 최고의 부동산입니다.

부동산의 수명은 한번 시작하면

적어도 몇백 년 이상 부동산 가격이 오를 수가 있습니다.

지금 대한민국에서는 서울이 가장 비싼 부동산입니다.

서울 중에서도 강남이 가장 비싼 곳입니다.

지금 가장 비싸다고 앞으로도 서울과 강남이

가장 많은 상승을 보장하는 이야기는 아닙니다.

부동산이 가장 많이 오르는 지역은 사람이 많고,

대기업이 많은 곳입니다.

대기업이 간다는 것은 돈과 사람과 일자리가 함께 간다는 것입니다.

그래서 지금 평택 부동산이 떠오르는 곳이기도 합니다.

그 상승세는 적어도 100년 이상 이어질 것입니다.

이런 곳에 있는 좋은 부동산을 산다는 것은 돈을 버는 것과 같고

평택에 있는 좋은 부동산을 지키는 것은 돈을 지키는 것과 같습니다.

부동산의 입지는 불변이지만

사회적, 환경적 위치에 따라 부동산의 가치는 엄청 변합니다.

평택과 같은 변화의 중심에 있는 부동산은 우리 시대의 축복입니다.

평택은 신라의 경주, 고려의 개경, 조선의 한양,

대한민국의 서울처럼 적어도 100년 이상 발전할 도시이기 때문입니다.

빌릴수록 수익이
높아지는 레버리지 효과

부동산에서 가장 많이 활용하는 투자법이 레버리지 기법입니다.

이는 지렛대원리를 활용한 투자법입니다.

아파트를 5억에 구매하여 10억이 되었다고 가정하면

1. 전액 자기 돈으로 아파트를 구매한 경우

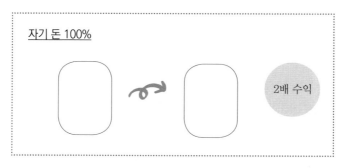

내 재산은 5억에서 10억이 되었다면 내 재산은 2배 늘어납니다.

그런데 이런 사람은 서울과 수도권에서는 10% 미만입니다.

2. 자기 돈 50%와 은행 돈 50%를 활용하여 아파트를 구매한 경우

대다수 서민이 이용하는 방식입니다.
내 돈 2.5억과 은행대출 2.5억을 활용하여 10억 아파트가 되었기에
그런 경우 은행 돈은 2.5억이지만 내 재산은 7.5억으로 내 재산
은 3배 늘어납니다.

3. 자기 돈 20%와 은행 돈 80%를 활용하여 아파트를 구매한 경우

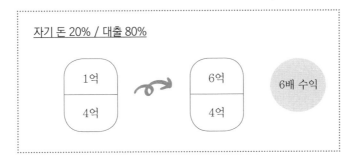

내 돈 1억과 은행대출 4억을 활용하여 10억 아파트가 되었기에
그런 경우 은행 돈은 4억이지만 내 재산은 6억으로 내 재산은 6
배 늘어납니다.

4. 자기 돈 10%와 은행 돈 90%를 활용하여 아파트를 구매한 경우

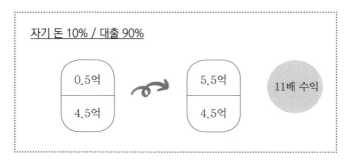

내 돈 0.5억과 은행대출 4.5억을 활용하여 10억 아파트가 되었기
에 그런 경우 은행 돈은 4.5억이지만 내 재산은 5.5억으로 내 재
산은 11배 늘어납니다.

대출이 많을수록 수익이 늘어나는 마법 같은 기적이 발생합니다.
통상 아파트 대출이 50~60%입니다.
가계대출을 억제하는 추세이기 때문에 80~90% 대출은
지식산업센터 외에는 불가능한 상품입니다.
그래서 지식산업센터는 서민에게 남아 있는
마지막 부의 사다리입니다.

부자가 2배로 부를 만들어 갈 때 서민은 6~11배 수익을
추구한다면 부자와의 간격을 줄일 수가 있습니다.

주식 투자에서는 불가능한 기법이 레버리지 기법입니다.
주식 투자에서 신용을 활용하면
자산이 깡통 되는 사람이 많습니다.
레버리지를 활용한다는 것은
부동산 투자가 그만큼 안전하다는 것을 증명하는 것입니다.

부동산 상식-
매매와 분양

부동산을 구매하는 방법은 통상 매매와 분양 두 가지가 있습니다.
그럼 매매의 장단점과 분양의 장단점을 살펴보겠습니다.

매매의 장점

1. 돈만 주면 입주와 매매가 바로 가능합니다.

즉, 공사하는 동안 기다림 없는 투자를 할 수가 있습니다.

2. 매매는 투자의 횟수, 즉 회전을 높일 수가 있습니다.

매매의 단점

1. 분양보다 더 많은 돈이 필요합니다.

2. 통상 분양가보다 매매가가 비쌉니다.

분양의 장점

1. 매매보다 적은 금액으로 부동산을 구매할 수 있습니다.

2. 부동산 가격이 오른다면 그 혜택은 분양받은 사람이 얻습니다.

3. 정부의 분양 가격 통제로 분양은 대체로 수익이 발생합니다.

4. 분양은 물가상승률이 높을수록 수익률이 높습니다.

즉, 인플레이션 수혜가 가장 많은 종목이 바로 부동산입니다.

분양의 단점

1. 분양을 받고 매매할 때까지 시간이 걸립니다.

그래서 부동산의 매매 회전이 떨어집니다. (전매가 가능할 때에는 제외)

2. 분양 순위를 올리기 위해서는 시간을 투자해야 합니다.

3. 당첨이 되어야 합니다.

사람이 매매와 분양의 장단점이 있지만 통상 분양받은 것을
선호합니다. 그래도 분양받는 것에 대한 자격과 규제 때문에
매매를 선호하는 사람도 많이 있습니다.

특히 분양에 대한 자격과 규제는 시장 상황에 따라
늘 변화하고 있습니다.

부동산 경기의 냉각기에는 분양 자격을 많이 완화하기도 합니다.

왜냐하면, 부동산은 생물이기 때문입니다.

그래서 정부 정책을 살펴볼 필요가 있습니다.

18
차익형 부동산과
수익형 부동산

차익형 부동산과 수익형 부동산이 있습니다.

차익형 부동산은 수익이 매매차익인 상품을 말합니다.

대표적인 상품으로는 아파트와 토지가 있습니다.

수익형 부동산은 매월 수익을 받는 상품으로 시세차익은 덤으로 얻는 상품입니다. 대표적인 부동산은 오피스, 오피스텔, 상가, 지식산업센터가 있습니다.

그 중간적 성격이 빌딩입니다. 빌딩도 사실 월세를 받는 점에서는 수익형 부동산이 맞습니다만 월세 수익률이 워낙 낮습니다.

월세 수익만으로는 빌딩 투자의 매력이 없지만, 자산가치를 보존하고 시세차익이 워낙 크기 때문에 투자 매력이 있는 상품입니다.

가격 상승기에는 차익형 부동산이 좋습니다.

가격상승이 수익형 부동산보다는 일반적으로 높습니다.

경기불황기에는 수익형 부동산이 차익형 부동산보다는 좋습니다.

매월 들어오는 월세가 안정적으로 받쳐주기 때문에

차익형 부동산보다 대출 이자에 대한 버틸 힘이 있습니다.

시세차익 측면에서 차익형 부동산은 금리 상승기에는

매월 지급하는 이자가 고통으로 다가올 수도 있기에

수익을 중도에서 포기할 확률도 있습니다.

경기가 좋고 나쁘냐에 따라 수익형 부동산과 차익형 부동산을

선택하는 것이 좋은 투자 방법입니다.

수익형 부동산은 매월 받는 월세에서 이자를 지급하고도 남기에

금리가 올라도 행복한 투자가 가능합니다.

그래서 수익형 부동산으로 수익을 오래오래, 그리고 많이 먹을 수도

있습니다. 특히 장수 시대에는 매월 받는 월세가 매우 소중합니다.

부동산 월세는 월급이면서 연금이기 때문입니다.

차익형 부동산인 아파트도 월세를 받는다면 오래 보유하는 문제는

없습니다. 토지도 주차장 또는 모델하우스 등 임대를 하면

시세차익을 크게 볼 수가 있습니다.

매월 받는 월세가 부동산을 보유할 힘을 부여하기 때문입니다.

차익형 부동산인 아파트나 토지를 구매할 때 월세를 잘 받을 수 있

을까를 고민하면서 투자하면 훨씬 좋은 투자를 할 수가 있습니다.

투자자는 장수 시대를 준비하는 투자를 해야 합니다.

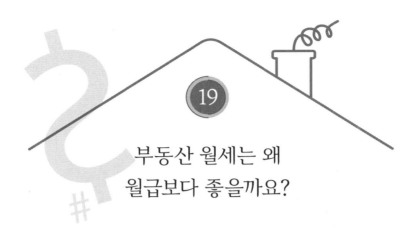

19
부동산 월세는 왜
월급보다 좋을까요?

직장인은 아무리 유능해도 정년이 되면 회사에 다닐 수가 없습니다.

월급을 받을 수가 없다는 이야기입니다.

부동산으로 월세를 받는다는 것은

나이가 많다는 이유로 해고될 염려가 없습니다.

부동산 월급은 시간이 갈수록 직장인과 다르게 임금 피크, 퇴직과

명퇴 등으로 압박을 받지 않고 부동산 월급은 오히려 오릅니다.

부동산 월급은 시간이 갈수록, 나이가 들수록, 부동산 가치가 오

르고 이에 따라 부동산 월급(월세)은 오른다.

직장인의 월급은 매년 올라도 물가상승률을 반영하면 오른다고

말하기가 어렵습니다.

부동산 월급은 물가상승률을 반영해도 확실하게 오르기 때문에

직장인의 월급보다 더 좋습니다.

부동산 월급은 직장인처럼 은퇴가 없고

죽을 때까지 부동산 월급을 받습니다.

부동산 월급은 내가 죽으면 월급이 끝나는 직장과 달리

부동산 월급은 내 자녀가 이어서 받습니다.

다른 말로 표현하면 부동산 월급 받는 직장을 상속하는 것입니다.

예전에 사립학교 교사는 얼마, 대학교 교수는 얼마라는 돈으로,

불법으로 직장을 사는 일이 종종 있었습니다.

이와 다르게 월세 받는 부동산을 사는 것은 합법적으로

직장을 돈 주고 사는 것은 같습니다.

그것도 자자손손 합법적으로 상속되는 직장을

돈으로 사는 것과 같습니다.

월세가 나오는 부동산 월급 갖지 않을 이유가 없습니다.

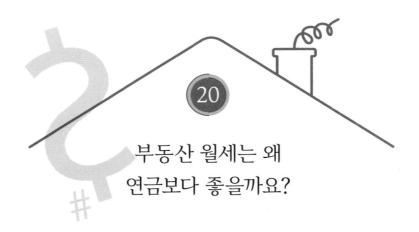

20

부동산 월세는 왜
연금보다 좋을까요?

연금은 은퇴 이후에 받는 또 다른 월급입니다.

우리가 평생 일을 할 수는 없습니다만 죽는 순간까지

평생 월급을 받고 싶은 꿈은 있습니다.

평생 월급을 받고 싶은 꿈을 이루어 준 것이 바로 우리가 받는

연금으로 이는 현대 문명이 주는 축복이기도 합니다.

그래서 국민연금과 개인연금이 도입된 것은

불과 얼마 안 된 일입니다.

개인연금이 먼저 도입되었고, 다음에 도입된 것이 국민연금입니다.

국민연금은 이해 당사자가 많아 국민연금 가입하는 것을

반대하는 사람을 무마하기 위하여 저비용(적게 납부를 하고)

많은 혜택(많은 연금)으로 설계하여 고갈을 피할 수가 없습니다.

거기에다가 평균수명의 증가, 금리의 급락, 출산율 감소는

국가연금의 고갈을 빠른 속도로 앞당기고 있습니다.

국민연금 고갈을 결코 멈출 수가 없습니다.

정부의 유일한 대책은 국민연금 고갈을 늦추는 데 초점이 있습니다.

부동산 월세는 국가연금처럼 고갈될 염려가 없습니다.

개인연금은 국가연금과 달리 고갈은 없습니다.

대신 매월 일정한 금액을 연금으로 받지만 물가상승률 반영하면
구매력은 점점 하락합니다.

부동산 월세는 시간이 지나면서 월세가 점점 오르는 연금입니다.

그 이유는 부동산 연금은 부동산 가치가 매년 오릅니다.

국가연금, 개인연금과 달리 부동산 월세연금은 팔 수가 있습니다.

국민연금과 개인연금과 다르게 이 세상 소풍이 끝나도
부동산 연금은 감액 없이 자녀가 그대로 다 받습니다.

부동산 연금은 국가연금보다도 좋고 개인연금보다도 좋습니다.

그래서 부자는 이미 부동산 연금으로 준비하고 있습니다.

최근 인기 있는 사람이 조물주 위에 건물주라는 유행어가
이를 증명하고 있습니다.

서민도 소액으로 부동산 월세부터 시작하는 것은 또 다른 연금을
준비하는 100세 시대를 대비한 좋은 방법이기도 합니다.

21

사람이 하는
후회 2가지

1. 그때 그 일을 해야 했는데.
2. 그때 그 일을 하지 말았어야 했는데.

1번과 같은 후회는 어떤 것이 있을까요?
공부를 더 열심히 해야 했는데.
아이가 어릴 때 더 많이 놀아줘야 했는데.
운동을 좀 더 열심히 해야 했는데 등
좀 더 해야 했는데 하지 못해서 후회하는 것이 참으로 많습니다.
그중에 하나가 좋은 부동산에 투자해야 했는데.
전세 대신 대출받아 집을 구했어야 했는데 등
부동산 투자를 좀 더 적극적으로 하지 못해서
후회하는 사람도 많을 것입니다.

2번과 같이 하지 말아야 했는데 행동해서

후회하는 사람도 많습니다.

대표적인 분야가 담배를 처음부터 안 피워야 했는데.

주식 투자 안 해야 했는데.

다단계 네트워크 안 해야 했는데.

코인 투자 안 해야 했는데 등

그 기준은 사람마다 다르지만

내가 투자에 성공하였다면 후회할 일이 없지만

투자에 실패하였기에 사람은 늘 후회를 하는 것입니다.

후회하는 것 중에 가장 큰 실패가 그때 투자를 하였다면.

사람의 운명을 바꿀 투자를 하지 않는 실패가

우리를 지금까지 아쉬움을 남기고 때론 고통 속에서 살게 한

원인인 사람도 있습니다.

그 당시에 그 집을 샀다면,

그 땅을 구매하였다면,

시간이 지나고 보니 운명을 바꿀 수도 있었는데.

참으로 아쉬움이 있었을 것입니다.

또 다른 부류는 그때 투자 실패로 인한 고통과

투자 실패에 따른 경제적 손실 때문에

지금도 어려움을 겪고 있는 사람도 있습니다.

투자에 실패한 사람은

실패를 만회할 기회가 왔음에도 불구하고

경제적 손실로 인하여 눈앞에 기회를 잡지 못한 것에

대한 고통은 더 큰 아픔과 후회로 계속 남아 있습니다.

비단 나뿐만 아니라 가족과 주변 사람까지

고통을 당하게 하는 늪이 되는 것입니다.

사람의 일은 어떻게 알 수가 있겠습니까?

그래도 투자의 기준을 이야기할 때 확률밖에는 없습니다.

주식 투자는 성공 확률이 낮고, 부동산은 성공 확률이 높다.

이것만 알고 지켜도 후회할 일이 훨씬 줄어듭니다.

투자에 성공할 확률이 훨씬 높아집니다.

나도 부자가 될 수도 있다는 이야기입니다.

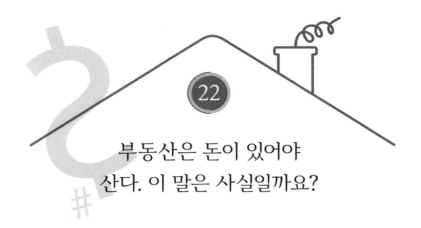

부동산은 돈이 있어야
산다. 이 말은 사실일까요?

부동산은 돈이 있어야 산다.

이 말은 사실일까요?

여러분은 어떻게 생각하시나요?

일단 부동산은 돈이 있어야 산다.

이 말은 맞습니다.

그럼 돈이 있는 사람만 부동산을 살 수가 있나요?

그것은 아니겠지요?

우리가 부동산을 사는 형태는 자기 돈과 은행 돈을 합하여

부동산을 구매합니다.

가장 대표적인 것이 아파트를 포함한 부동산입니다.

대출을 많이 할수록 분양도 잘되고 또 가격이 상승하면

레버리지 효과를 가장 많이 보는 것이 분양시장입니다.

비단 분양시장뿐만 아니라 매매시장도 마찬가지입니다.

그래서 부동산 구매는 돈만 있다고 사는 것이 아닙니다.

자기 돈으로만 부동산을 구매하는 사람은 대출이 안 되는

고가주택을 제외하고는 총 구매자의 10%가 안 될 것입니다.

나머지 대다수는 대출을 포함해서 구매하는 것이 부동산입니다.

무엇이 대출을 포함해서 부동산을 구매하게 할까요?

그것은 대출로 구매한 아파트의 대출이자보다는

구매한 아파트가 많이 오른다는 확신 때문에 아닐까요?

이때까지의 대출을 이용한 자산 증가의 경험이

우리에게 용기와 확신을 심어준 것이 아닐까요?

그래서 부동산은 돈으로만 사는 것은 사실이 아닙니다.

부동산을 산다는 것을 돈은 기본적이지만

거기에 용기와 확신이 필요한 것입니다.

용기와 확신은 평상시에 구매를 염두에 둔

지역에 관한 관심과 공부가 뒷받침돼야 가능한 것입니다.

관심과 공부는 용기와 확신을 불러일으키는 힘이 됩니다.

그 힘이 대출이라는 신용자산을 끌어모읍니다.

그래서 돈이 없어서 부동산을 사지 못하고 있다.

그것은 일정 부분 거짓말입니다.

사실 이것은 스스로 하는 합리화와 핑계일 뿐입니다.

부동산은 돈으로만 사는 것이 아니라

관심과 공부 그리고 확신과 용기로 사는 것입니다.

용기와 확신만 있다면

신용자산이라는 대출을 활용할 수가 있습니다.

저자는 임대료 받는 사람을

돈 많은 사람이 갖는 불로소득이라고 말하는 사람을 싫어합니다.

먹을 것과 입을 것 등 소비 비용을 줄인 고통 소득이고

있는 돈과 없는 돈을 쥐어짜서 투자한 용기 소득입니다.

용기를 내어 대출이라는 신용자산을 활용하는

이것이 바로 자본주의가 주는 달콤함입니다.

그래서 돈은 빌려야 하고,

부동산은 빌려서는 안 된다고 강조하는 것입니다.

어쩔 수 없이 부동산을 빌렸다면 신용자산을 활용해

다른 곳이라도 부동산 임대소득을 만들어야 한다고

강조하는 것입니다.

그래야 임대료가 오르고 건물 가격이 오르는 위험을

구매한 건물에서 나오는 수익으로 회피할 수 있습니다.

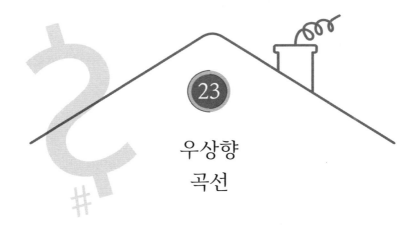

23

우상향
곡선

여러분은 우상향 곡선을 보면 무엇이 생각나는지요?

많은 사람은 주가의 종합지수 우상향 곡선이 생각할 것입니다.

맞습니다.

또 많은 사람은 부동산의 가격 곡선을 떠오를 것입니다.

맞습니다.

그러면 주가지수의 우상향 곡선과

부동산 가격의 우상향 곡선은 어떤 차이가 있을까요?

먼저 주식 우상향 곡선 그래프만 보면

장기 투자만 하면 수익이 나는 것으로 생각합니다.

그렇게 생각하고 주식 투자는 손실을 보면 장기 투자로 돌아섭니다.

마치 반등을 기다리면서 여기에 큰 모순이 있습니다.

모든 기업은 언젠가는 망합니다.

그 파생상품이 주식이라고 책『투자 바이블』에서 강조하였습니다.

대마불사 대우그룹도 해체되었고 한보그룹도 해체되었습니다.

이런 종목에 주식 투자하는 사람은 다 망했습니다.

그 점에서 부동산 투자와 결정적 차이입니다.

땅은 단 한 평도 생산할 수가 없습니다.

땅은 기업과 달리 망하는 것이 없습니다.

땅 위에서 모든 부동산이 태어납니다.

그래서 부동산의 하락은 보통 시간이 지나면 원금 복구를 지나서 투자수익으로 돌아옵니다.

그래서 좋은 부동산은 장기 투자가 답입니다.

서울 부동산은 600년간 가격이 올랐습니다.

600년간 존재한 기업이 있는지요?

그래서 주식 투자에서 우량주의 장기 투자는 매우 위험할 수가 있습니다. 우량주 노키아, 코닥 필름 다 망했습니다.

100년 기업 조흥은행도 망했습니다.

우상향 곡선 다 같은 것이 아닙니다.

위험은 적고 수익은 큰 부동산에 투자할 것인가?

수익은 적고 위험부담이 큰 주식에 투자할 것인가는

투자자 본인의 선택입니다.

그 선택이 여러분 부의 운명을 결정합니다.

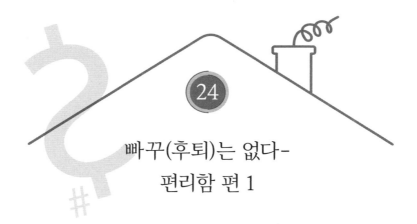

빠꾸(후퇴)는 없다-
편리함 편 1

'인생에 빠꾸가 없듯이' 오르는 '물가에도 빠꾸가 없습니다.'
인류는 불편함 대신 늘 편리성을 추구해 왔습니다. 가장 대표적인 것
이 불입니다. 인류는 우연히 불을 발견한 이후에는 불을 이용할 줄
알았습니다. 그 불을 통해서 인류는 따뜻한 겨울을 보낼 수 있었고,
음식과 고기를 맛있게 먹을 수 있었습니다. 불을 만들기는 무척
어렵기에 불씨를 지키는 데 노력을 많이 하였습니다.

수 만 년을 지나고 나서야 비로소 부싯돌을 만들어 휴대용 불을 만
들어 냈습니다. 그 이후로도 몇백 년이 지나고 나서 성냥을 만들어
냈고 또 몇백 년이 지나고 나서 휴대용 라이터를 만들어 냈습니다.
불을 귀하게 여기는 구석기시대 인류에게는 상상도 하지 못하는
물건이 우리가 하찮게 여기는 라이터입니다. 인류는 불이라는 사
례를 통해 편리함을 추구한 역사를 살펴보았습니다.

라이터 때문에 성냥 산업이 죽었고, 성냥 때문에 부싯돌 산업이 죽었습니다. 편리함에도 빠꾸가 없습니다.

인류 초기의 운반수단인 지게도, 소달구지, 자동차 등으로 점차 진화하였습니다. 현대에는 트럭, 기차, 선박, 비행기 등 다양한 첨단 운송기구가 탄생하였습니다. 대한민국은 수출을 통해 먹고 사는 나라입니다. 그래서 항만의 중요성이 더욱 부각 되었습니다.

수출의 전진기지인 부산항, 부산항으로 가기 위한 경부고속도로 지금도 물류의 중심역할을 하고 있습니다.

운반 도구인 트럭도 예전보다 커졌고, 선박도 예전보다 큽니다 편리성을 추구한 결과입니다. 물론 저변에는 경제성과 안전성도 있습니다만 운송수단도 편리성의 추구 역시 빠꾸가 없습니다.

지금 평택항은 대한민국 4대 물류 중심 항구입니다.

단기간에 4대 항구로 성장한 배경에는 인구의 50% 이상이 수도권에 살고 있고, 기업, 돈, 경제의 80% 이상이 수도권에 있습니다.

그래서 수도권 항구인 평택항의 성장이 눈부신 것입니다.

이것 역시 물류의 편리성을 추구한 결과입니다.

평택항의 성장 속도에 빠꾸가 없는 이유 중 하나가

인류는 한 번도 편리성을 포기한 적이 없기 때문입니다.

평택항의 발전은 평택항 주변에 투자한 투자자의 몫입니다.

선택은 여러분의 몫입니다.

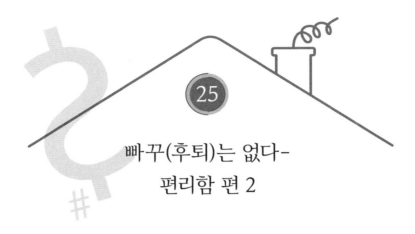

25

빠꾸(후퇴)는 없다-
편리함 편 2

인류의 역사는 늘 편리함을 추구해 왔습니다.

불편함으로 빠꾸는 없다고 단언하였습니다.

편리함을 추구한 대부분은 소비자입니다.

그 소비자 덕분에 기업가, 투자자는 불편함을 늘 찾고 있습니다.

불편함 그 자체가 돈을 만드는 동기부여가 됩니다.

청소의 불편함으로 청소기, 빨래의 불편함으로 세탁기

이동의 불편함으로 자동차와 비행기 등

불편함이 준 기회는 기업가와 투자자에게는

커다란 선물과도 같은 것입니다.

비단 현대 기계뿐만 아니라

산업도 불편함에서 생겨난 것이 참으로 많습니다.

장례의 불편함으로 탄생한 상조산업,

세탁의 불편함으로 탄생한 크린토피아를 비롯한 세탁업,

반찬 만드는 불편함을 대신한 반찬산업,

혼자 밥하는 불편함으로 생긴 도시락산업 등등

대가족에서 핵가족으로 분화되면서

많은 산업이 새로 생겨나기도 하였습니다.

지금도 1인 가구를 비롯한 다양한 가족 형태에 맞는

산업이 생겨나기도 합니다.

이는 과거 4인 가족 시스템에서 크게 불편함이 없었는데

1인 가구가 되면서 불편함이 가중되기 때문입니다.

사람은 늘 편리함을 추구합니다.

그 사람 대부분은 소비자입니다.

불편함을 찾아내고 즐기는 사람은 기업가와 투자가입니다.

이 사람은 서로의 필요성에 의해 공생하면서

인류의 문명과 역사발전에 큰 공헌을 하였습니다.

불편함 이제 짜증보다는 불편함을 돈으로 보고, 즐기며,

돈이 되는 사업으로 만들어 보길 바랍니다.

불편함이 곧 돈입니다.

그래서 불편함이 제거되는 곳과 산업은 최고의 투자처입니다.

소비자는 편리함을 추구하고 기업가는 불편함을 찾는다

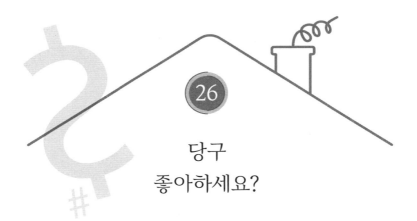

26

당구
좋아하세요?

정말 오래간만에 당구를 쳤습니다.

당구는 술 마시고 치는 당구가 더 재미있습니다.

3명이 2차 생맥주 내기 당구를 쳤습니다.

참고로 저는 당구 실력이 80점입니다.

형편없는 실력이니 제가 3등을 하였습니다.

꼴찌를 한 이유는 잘못 쳐 감점을 많이 하여

30점 이상을 더 쳤습니다.

안 그래도 하수가 불리한 당구에서 30점을 더 쳐야 하니

고수에게 질 수밖에 없습니다.

하수가 이길 확률은 감점을 안 당하고

빨리 3쿠션에 들어가야 이길 확률이 올라갑니다.

레크레이션으로 즐기는 당구도 배워야 이깁니다.

배우지 않으면 당구공이 가는 길을 정확하게 모르고

그래서 감점을 많이 하는 것입니다.

결과는 늘 지는 게임을 하는 것입니다.

당구도 배워야 이기는 게임을 하듯이

투자도 배워야 투자의 세계에서 이기는 투자를 할 수 있습니다.

그런데 우리는 투자를 원금으로 수업료 내고 배우는 것이라는

사기 이론을 알고 있으며 이를 당연히 받아들이고 있습니다.

수업료는 말 그대로 배우는 비용을 지급하는 것은 맞습니다만

목숨과 같은 돈을 잃어가면서 배우는 것은 아닙니다.

투자는 배우지 않으면 돈을 잃습니다.

이것은 수영도 못하면서 한강을 건너가는 것처럼

정말 소중한 돈, 목숨 같은 돈을 허무하게 버리는 것과 같습니다.

하루를 즐기는 당구도 배워야 이기듯이

평생의 운명을 결정할 투자는 더 열심히 배워야 합니다.

그렇지 않고 배우지 않는다면

인생을 살아가면서 지급하는 비용은 처참할 것입니다.

치맥
좋아하는지요?

갑자기 왜 치맥이냐고요?

음식과 술도 궁합이 중요합니다.

그래서 최적의 조건으로 음식과 술을 즐깁니다.

소주를 좋아하는 사람은

소주에 삼겹살 또는 소주에 회 한 점을

최고의 궁합으로 식도락을 즐기기도 합니다.

막걸리를 좋아하는 사람의 대표적인 궁합 음식이

파전과 두부김치가 있습니다.

음식을 위주로 술을 먹으면 술은 약주가 되고

술을 위주로 음식을 먹으면 음식은 안주가 됩니다.

술에 어울리는 궁합이 맞는 음식을 통해

우리는 하루의 스트레스와 피로를 풀기도 하며

좋아하는 사람과 행복을 나누기도 합니다.

술과 음식에도 궁합이 있듯이

투자에도 궁합이 있습니다.

투자는 돈을 벌기 위해 합니다.

그러기 위해서는 성공 확률이 높아야 합니다.

주식 투자하는 사람은 차트는 속일 수가 있어도

거래량은 속일 수가 없다는 것을 다 알 것입니다.

그래서 거래량 폭증에 장대 양봉은 투자의 적기라고 이야기합니다.

거래량이 폭증했다는 것은

많은 돈으로 폭발적으로 매수하였다는 증거입니다.

그래서 안심하고 투자가 가능한 것입니다.

이는 주가가 오를 확률이 높다는 이야기이기도 합니다.

주식 투자에서 거래량의 폭발적 증가는 궁합이 맞는 투자입니다.

그럼 부동산은 어떨까요?

부동산도 사람이 몰려오면 가격이 오릅니다.

가장 대표적인 것이 신도시입니다.

신도시가 된다는 것은 사람이 몰려오고,

사람이 몰려오면 대중교통을 비롯한 각종 편의시설이 따라옵니다.

그러니 신도시와 신도시 주변 부동산은

오를 수밖에 없고, 그래서 안심하고 투자 가능한 것입니다.

사람이 와도 부동산은 오릅니다.

사람이 와도 부동산은 오르지만

기업이 오는 것만큼 파괴력은 없습니다.

기업이 온다는 것은

사람도 오지만 돈과 일자리가 함께 옵니다.

그래서 부동산의 가격상승은 폭발적입니다.

오는 기업이 크면 클수록

따라오는 1차 협력회사, 2차 협력회사 등 군단의 기업이 몰려오고

따라오는 사람까지 반영하면 불패의 투자처인 것입니다.

부동산의 투자궁합은 사람이 몰려오는 곳에 투자하면 성공합니다.

더 큰 투자수익을 꿈꾼다면

기업이 몰려오는 곳에 투자하면 됩니다.

현재 부동산 최고의 투자궁합에 맞는 투자처가 평택입니다.

왜냐하면, 평택은 이미 삼성전자라는 기업 군단이 몰려왔고

추가로 올 기업이 계속 이어지고 있고

일자리와 사람과 돈이 함께 몰려오고 있습니다.

미래의 전망 역시 매우 밝습니다.

그래서 앞으로 당분간은 평택은 부동산의 불패신화를 쓸 것입니다.

사람과 일자리가 모여든 세종시의 파괴력을 뛰어넘을 것으로

예상합니다.

28

숫자 99.7을
아시나요?

물 끓는 온도가 아닙니다.

그렇다고 순금의 순도를 이야기하는 것도 아닙니다.

과연 무엇을 나타내는 숫자일까요?

그것은 바로 우리나라 무역 물동량의

99.7%가 선박을 통해서 이루어진다는 숫자입니다.

즉 수출과 수입이 늘어갈수록 항만의 중요성은

날로 커지고 있다는 증거입니다.

대한민국 인구의 50% 이상이 수도권에 살고 있습니다.

또 돈(기업)의 80% 이상이 수도권에 있습니다.

그러면 필연적으로 커지는 항만이 바로 수도권에 있는 항만입니다.

바로 '평택항'입니다.

예나 지금이나 그리고 미래에도

바다를 제패해야 세계를 제패하는 것입니다.

예전에는 식민지 개척과 전쟁 때문에 지금은 무역 전쟁 때문에
성격이 바뀔 뿐이지 바다의 중요성은 변함이 없습니다.

항만의 중요성이 커지는 상황에서 삼성전자 반도체가
평택으로 공장을 확장한 것을 보면 충분히 이해가 갑니다.

힘이 약한 우리는 힘센 놈이 투자한 곳 따라 투자하면
실패가 없습니다.

과거라는 시간은 우리를
부자로 만드는 교과서

투자를 결정하는 것은 쉬운 일이 아닙니다.

투자라는 것은 나에게 선택을 강요하는 것이고

선택은 우리에게 불안과 스트레스를 주기 때문입니다.

우리는 투자의 불안과 스트레스를 줄이고

투자의 성공 확률을 높이기 위하여 노력을 많이 합니다.

주식 투자를 하는 사람은 이런 조건이면

주가가 오를 확률이 높다는 것을 경험을 통해 압니다.

예를 들면

    – 골든 크로스가 발생한다.

    – 양봉에 대량 거래가 발생한다.

    – 박스권을 돌파한다.

    – 신고가이다.

- 영업적자에서 흑자로 전환한다.
- 큰 기업으로 합병당한다.

또 부동산투자를 하는 사람은 이런 조건이면
부동산이 오른다는 것을 경험을 통해 압니다.

- 큰 기업이 공장을 짓는다.
- 지하철이 새로 생긴다.
- 대형병원이 생긴다.
- 학교가 생긴다.
- 인구가 몰려온다.

과거의 이런 조건이면 주식은 가격이 오를 확률이 높고 부동산은
가격이 폭등한 사례는 과거에서 현재까지 지나는 동안 시간이 준
선물입니다.

즉 시간이 준 선물은 현재에서 미래로 가는 동안에도 여전히 유효할
확률이 높습니다. 우리는 시간이라는 선물을 그냥 받으면 됩니다.

즉 선물에 부합되는 조건이 많으면 많을수록
우리의 투자는 더 안전하며 수익이 커질 확률이 높습니다.

시간이라는 선물이 준 것 중 하나가
물가는 늘 오르고 돈의 가치는 하락한다는 사실입니다.

그래서 우리는 부동산 같은 실물 자산에 투자하는 것입니다.

루머와 뉴스

이 단어를 보면서 무슨 생각이 드시나요?

많은 사람은 루머에 주식을 사고 뉴스에는 주식을 팔라는 말이

연상될 것입니다.

주식 투자에서 정말 중요한 격언입니다.

주식 투자로 수익을 극대화하는 비결이

루머에 사서 뉴스에 파는 것입니다.

물론 모든 종목이 그런 것은 아닙니다.

루머에 사서 뉴스 이후에도 계속 보유하여

추세선이 꺾이지 전까지 보유하는 수익 극대화 종목도 있습니다.

그래도 루머에 사서 뉴스에 파는 것이 대체로 맞는 것이

주식 투자입니다.

이는 주식 투자에서 수익을 실현하지 못하면
본전으로 되돌아가는 많은 경험이 주는 교훈입니다.
사실 루머를 처음 듣는 사람은, 루머를 만드는 사람은,
루머를 유통하는 사람은 힘센 놈이거나 세력입니다.
이들이 수익을 극대화하기 위해서는 루머를 만들고, 끼리끼리 먼
저 유통하고, 마지막에는 설거지할 개미들에게 흘러가게 하거나,
뉴스로 뻥 터뜨려 개미들이 개떼처럼 달려들게 만들어야
루머를 만들고, 유통한 세력이 돈을 벌기 때문입니다.

그럼 부동산투자도 루머에 사서 뉴스에 파는 것일까요?
맞는다고 하는 사람은 주식 투자 사고방식을 가진 사람입니다.
부동산 투자는 루머에 관심만 가지면 됩니다.
큰 수익을 먹고자 투자하는 순간 돈이 묶일 수가 있습니다.
부동산 투자는 루머에 관심만 두세요.
뉴스에 그럼 투자하는 것인가요?
뉴스에 투자하시는 분은 큰손이면 가능합니다.
서민은 뉴스에 본격적으로 공부하면 됩니다.
그럼 서민은 언제 투자하면 되는가요?
뉴스 발표 후 몇 년이 지나고 가림막을 하고 공사를 시작할 때
그때 투자하여도 늦지가 않습니다.
큰 국책사업은 적어도 10년 후에 투자하여도

수익을 내기에 충분합니다.

조선의 한양은 지금의 서울로 변모하는 600년간
부동산 가격이 꾸역꾸역 올랐습니다.
한양을 예를 들면 10년 늦게 사도 또 100년 늦게 사도
누구나 돈을 벌었습니다.
부동산투자는 루머에 사서 뉴스에 파는 주식 투자처럼
조급할 이유가 전혀 없습니다.
부동산 늦게 투자하여도 수익을 주는 정말 좋은 상품입니다.
다른 말로 이야기하면 뉴스를 통해 전 국민이 알 수 있기에
국민 누구나 돈을 벌 수가 있다는 것입니다.

평택이 뜨고 있다는 이야기는 10년이 넘었습니다.
너무 늦은 것 아닌가요?

이렇게 묻는다면 부동산을 너무 모르는 사람입니다.
지금부터 평택 부동산은 시작입니다.
부동산은 한번 불이 붙으면 기본은 100년은 갑니다.
신라 경주는 1000년간 가격이 올랐습니다.
고려 개경은 500년간 부동산이 올랐습니다.
서울은 600년간 부동산이 올랐습니다.

평택은 앞으로 적어도 100년 이상은 오를 것입니다.

그것은 수도권의 물류를 책임질 평택항이 있습니다.

대한민국 수출입을 책임질 평택항이 있습니다.

평택항 주변으로는 기업이 몰려 있고

또 계속 몰려오고 있습니다.

지금의 평택처럼 적어도 100년 이상 오를 부동산에 투자하면

자자손손 부가 이어질 것입니다.

부동산투자 뉴스에 투자해도 늦지 않습니다.

오히려 빠를 수도 있습니다.

지금 투자하세요.

부동산 뉴스는 지금도 계속 발생하고 있습니다.

전 국민이 많이 알수록 좋은 뉴스가 부동산 투자 뉴스입니다.

이것이 루머에 투자하는 주식 투자와 다른 점입니다.

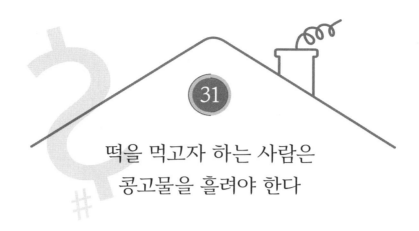

떡을 먹고자 하는 사람은
콩고물을 흘려야 한다

떡을 먹고자 하는 사람은 콩고물을 흘려야 합니다.

우리가 떡을 먹을 때 콩고물은 반드시 떨어집니다.

우리가 떡을 먹을 때 떨어지는 콩고물에 너무 많은 신경을 쓰면

떡을 맛있게 먹을 수가 없습니다.

그냥 맛있게 떡을 먹고 떡을 먹을 때 떨어지는 콩고물은

한꺼번에 정리하면 됩니다.

그런데 서민일수록 떨어지는 콩고물에 신경을 많이 씁니다.

그래서는 맛있는 떡을 먹을 수가 없습니다.

정말 투자를 잘하는 사람은 떡을 크게 먹으려고 합니다.

그래서 자기를 도와주는 사람에게

콩고물뿐만 아니라 떡도 조금 떼어 줍니다.

콩고물을 많이 흘릴수록 내가 떡을 많이 먹을 수가 있다는 것을

경험을 통해 알기 때문입니다.

그래서 성공한 사람은 유능한 변호사를 고용합니다.

유능한 세무사를 고용합니다.

유능한 사람 대신 저렴한 비용을 추구한다면

맛있는 떡을 먹을 수가 없다는 것을

누구보다 잘 알기 때문입니다.

맛있는 떡을 많이 먹고자 하는 사람은 콩고물을 흘려야 합니다.

콩고물을 아껴서는 맛있는 떡을 먹을 수가 없습니다.

콩고물이 아까워 공짜로 주변 사람에게 자문받다가

돈을 벌 기회를 놓친 사람이 많을 것입니다.

시간이 지나 보니 콩고물은 아끼는 것이 아닙니다.

떡을 먹고자 하면 콩고물을 흘려야 합니다.

32

사촌이 논을 사면
배가 아프다

우리 속담에 "사촌이 논을 사면 배가 아프다."라고 합니다.

왜 사촌이 논을 사면 배가 아플까요? 사촌이 논을 사면 축하해주면 좋은 일이 아닌가요? 사촌이면 아주 가까운 친척인데 왜 사촌이 논을 사면 배가 아플까요? 예전에는 먹고 사는 것이 최고의 행복이었습니다.

그래서 쌀을 생산하는 논의 가치가 엄청나게 비쌌습니다.

그것은 바로 사촌과 나는 같은 계급인데 사촌이 논을 사면

재산이 차이가 나고, 계급이 올라가는 질투심 때문입니다.

부동산 투자를 마음먹은 사람도 보통은 가까운 지인에게 자문합니다.

그때 나온 답변은 거의 다 대동소이합니다.

지금은 때가 아니다. 혹시 사기당하는 것 아니냐?

보통은 부동산 투자를 말립니다. 가장 악질은 잘 알아보고 사느냐?.

이 한마디 말은 도와주는 말을 한 것이지만 사실은

가장 교묘하게 투자하는 것을 방해합니다.

투자는 사실 늘 불안합니다.

그 불안을 조장하는 말을 듣는 순간 투자를 결심한 사람도 증폭된 불안 때문에 투자하는 것을 포기합니다.

이것도 속담처럼 가까운 사람이 잘사는 것에 대한 짙은 질투심이 본능적으로 나타나기 때문입니다. 그렇게 투자를 하지 못하게 방해한 사람은 자기가 무슨 잘못을 했는지를 모릅니다.

그러나 그 사람 때문에 투자에 실패한 사람은 그 사람과의 관계를 단절합니다. 저자가 수년 전에 직접 들은 이야기입니다.

화성에 있는 땅을 사기로 마음먹고 마지막으로 화성시에 다니는 공무원에게 자문하였습니다. 그 공무원이 하는 말이 왜 오르지 않는 땅을 사느냐는 답변에 땅 사는 것을 포기하였습니다. 포기한 땅의 가격은 10배 올랐습니다. 아마 지금쯤은 20배 올랐는지도 모르겠습니다. 저자의 책『땅 투자 땅 짚고 헤엄치기』에서 5배 올랐다고 표기하였습니다만 지인은 그때 자문한 공무원을 아직도 미워하고 있습니다.

그 공무원은 지금도 자기가 무슨 잘못을 저질렀는지 모를 것입니다. 지금도 여전히 사촌이 논(부동산)을 사면 배가 아프다는 것이 유효하게 증명되는 것입니다. 부동산 투자할 때 모든 것은 본인 책임입니다.

공짜로 자문받다가 큰돈 벌 기회를 날리지 말고 정당한 비용을 지급하고 제대로 자문받기 바랍니다. 사촌이 땅을 사면 배가 아프기에 제대로 된 자문이 나올 수가 없습니다.

울면서
후회하네~

울면서 후회하네

사랑하는 사람과의 이별을 노래한 가수 주현미 님의 애절하고
맛깔스러운 노랫말이 생각날 것입니다.

저는 많은 사람을 만나는 직업을 가진 사람입니다.

저와 만난 사람들이 하는 후회는

가수 주현미 님의 '울면서 후회하네~'는 아니지만

울고 싶은 마음으로, 땅을 치는 마음으로

과거로 다시 돌아간다면 등으로 후회하는 사람이 많았습니다.

주식 투자를 하지 말았어야 했는데,

그때 그 많은 돈을 날리지 않았어야 했는데,

그때 부동산을 샀어야 했는데,

그때 아파트를 샀어야 했는데,

그때 월세 나오는 상가를 샀어야 했는데.

잘 나갈 때, 여유 있을 때, 젊었을 때

그때 또 다른 월급인 월세 상품을 만들어야 했는데.

그때는 왜 몰랐을까?

젊음이 지나고, 인생의 황금기가 지나고 나서야 비로소 보일까?

그때 누군가가 옆에서 도와주었다면,

그때 누군가 앞에서 끌어주었다면

내 인생 얼마나 좋았을까?

이때 하는 후회는 일시적인 감정 때문에 후회하는

'울면서 후회하네~'가 아닌

머리로 하는 이성적 후회이고

이것이 깊어지면 가슴으로 하는 통탄으로 변하는

울면서 후회하네~ 부릅니다.

지금도 늦지 않았습니다.

지금도 뒤돌아보면 오늘이 내 인생에서 가장 젊은 날입니다.

울면서 후회하네~ 노래를 부르기 전에

행복한 노래를 준비하면 좋겠습니다.

행복한 노래가 이 세상에 널리 퍼지길 희망합니다.

내년에는
한 살 더 먹는다

내년에는 한 살 더 먹습니다. 누구나 한 살 더 먹습니다.

이와 비슷한 것이 물은 아래로 흐릅니다. 내년에는 최저인건비를 포함한 인건비가 오릅니다. 내년에는 땅값이 오릅니다. 내년에는 물가가 오릅니다. 자재비가 오릅니다. 그래서 분양가도 따라 오릅니다.

그런데 내년에는 돈의 가치가 하락합니다. 더군다나 내년에는 돈을 더 많이 찍어냅니다. 너무나도 자연스럽게 현상입니다. 그래도 저축만 고집하는 사람이 많이 있습니다.

돈을 많이 버는 일부 사람을 제외하고는 저축은 가난을 피하는 역할은 하지만 부자를 만들지 못합니다. 그래서 부자는 종이에 찍어내는 돈 대신에 실물자산에 투자하는 것입니다. 왜냐하면, 돈의 가치는 매년 하락하고 실물자산의 가치는 매년 상승하기 때문입니다.

대표적인 실물자산이 금과 부동산입니다.

따님의 꿈을
도와 드립니다

따님의 꿈을 도와 드립니다.

건물주 딸이 되게 해주세요! 파이팅

자주 가는 식당에 따님이 쓴 글입니다.

부모님 가게의 대박을 기원하는 글을 애교성으로

건물주 딸이 되게 만들어 달라고 표현하였습니다.

모든 자영업자는 대박을 기원합니다만 현실적으로 불가능한 꿈입니다.

왜냐하면, 사람이 가지고 있는 돈은 한정되어 있고

또 우리가 하루에 먹는 식사도 세끼로 제한되어 있기 때문입니다.

그래도 모든 자영업자의 꿈은 대박입니다.

장사를 해보면 대박은 중박으로 꿈은 낮아지고

나중에는 망하지만 않게 해달라는 것이 자영업자의 꿈입니다.

자영업자의 현실은 가면 갈수록 녹록치 않습니다.

인건비도 오르고 임대료도 오르고 제반 물가도 다 오릅니다.

지금 그 자리에서 수년 이상 영업을 해왔다면 나름대로 경쟁력이

있다고 봅니다. 용기를 내어 좋은 자리 분양받기를 권합니다.

지금 그 자리는 가격과 목돈이 소요되기 때문에 사는 것은

현실적으로 많은 제약이 있습니다.

그러나 발품을 판다면 좋은 자리를 분양받을 수는 있습니다.

투자는 투자심리가 낮을 때가 적기입니다.

건물주가 되는 시작은 작은 것에서부터(가게 / 사무실 / 오피스텔 등)

월세 받는 임대인이 되는 것입니다.

시작이 있어야 건물주가 되는 꿈을 이룰 수가 있습니다.

건물주 딸이 되게 해달라는 따님의 꿈은 월세를 받는 시작이 있어야 가능합니다. 저자는 모두가 잘사는 꿈을 꿉니다.

서민들은 중산층이 되고 중산층은 부자가 되고 부자는 가문을 만드는 것을 추구합니다. 그것은 작은 시작에서 출발합니다.

시작이 반입니다. 부동산도 시작이 반입니다.

36
지금까지 지급한
임대료만 10억이 넘는다

저자가 만난 고객님이 하신 말씀입니다.

처음 창업을 할 때, 처음 장사를 할 때 내가 이때까지 지급한 임대료가 10억이 넘는다면. 미래가 이렇게 될 줄 알았다면 누구나 부동산을 구매하고 사업을 하거나 장사를 하였겠지요?

설마 내가 그렇게 많은 돈을 지급할 줄 알았다면

과연 그런 조건으로 임대료를 지급하지는 않았겠지요?

지나고 보면 정말 아까운 돈입니다. 내가 이렇게 많은 돈을 지급하고 있었다니. 그래서 임차인은 망해도 임대인은 망하지 않습니다.

만일 처음 시작할 때 아니면 중간이라도

용기를 내어 대출을 활용하여 부동산을 구매하였다면

어떤 결과가 있을까요?

1. 부동산이 오르지 않은 경우

그래도 월세보다는 은행이자가 저렴합니다.

최대 50%의 비용을 절감할 수가 있습니다.

2. 물가상승률만큼 또는 물가상승률보다

조금 더 부동산이 올랐을 경우 이 경우에는 내가 지급한 은행이자를

모두 합산해도 내가 대출을 활용하여 구매한 부동산의 가격 인상을 반

영하면 사실상 공짜로 사무실과 장사하는 상가를 이용하는 것입니다.

3. 내가 은행대출을 활용하여 구매한 부동산이 많이 오른 경우

최선의 결과이지요. 이 경우에는 공짜로 사무실과 상가를 이용하

는 것을 초월하여 공짜로 재산을 불리는 것입니다.

현대판 봉이 김선달입니다. 그런데 공짜는 아닙니다.

자본주의에서 우리는 신용자산이라는 말을 자주 합니다.

그래서 신용은 관리하는 것이라고 이야기합니다.

신용이 있다면 신용자산을 활용해야 합니다.

즉 대출을 무서워해서는 안 되고 적극적으로 신용을 일으켜야 합니다.

신용이 있다면 공짜로 사무실과 상가를 이용할 수가 있습니다.

신용이 있다면 공짜로 부동산 자산을 불릴 수가 있습니다.

사업한 시작하고 10년이 지났다면, 장사를 시작하고 10년이 지났

다면 이런 사람은 신용자산이 많이 생깁니다.

그래도 아직도 임대료를 받는 건물이 없다면 용기가 필요합니다.

지금 사용하는 장소를 구매하라는 이야기는 아닙니다.

지금 장소는 구매하려고 해도 주인이 안 팔 수가 있습니다.

아니 많습니다.

왜냐하면, 임대료가 꾸준히 나오는 건물과 상가를 판다는 것은 황금알을 낳는 거위배를 가르는 것과 같은 결과이기 때문입니다. 대신 계속 지급하는 임대료를 만회할 다른 건물에 투자하면 됩니다. 만일 돈이 부족하다면 초기 부담이 적은 좋은 건물을 분양받기를 추천합니다. 그래야 임대자산을 보유한 진정한 자산가의 길이 시작됩니다. 투자자는 신용자산을 적극적으로 활용해야 합니다. 신용자산을 활용할 용기가 필요합니다. 왜냐하면, 투자자는 부자가 될 권리가 있습니다. 부동산의 가치는 해마다 오르고 돈의 가치는 해마다 하락하는 것을 알면서도 투자를 하지 못하는 것은 돈이 부족한 것이 아니라 용기가 부족한 것입니다.

우리가 언제 돈이 다 준비되어 아파트를 구매했나요?

부동산은 용기의 보답으로 우리에게 수익을 돌려줍니다.

"용기 있는 자만이 미인을 얻는다."라는 속담이 있습니다.

이는 부동산에도 그대로 해당합니다. 지금까지 지급한 임대료가 10억이 넘는다고 후회하시는 사장님! 지금 용기를 내어 행동하지 않는다면 앞으로 지급할 임대료가 20억도 넘을 것입니다.

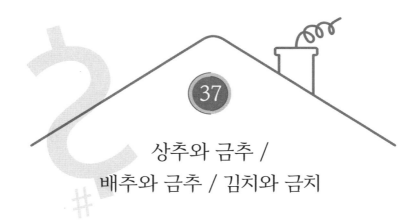

상추와 금추 /
배추와 금추 / 김치와 금치

여러분은 상추와 금추 / 배추와 금추 / 김치와 금치를 잘 알 것입
니다. 상추와 금추 어느 것이 더 맛이 있습니까?
당연히 금추일 때가 맛있지요?
상추를 마음대로 먹을 수가 있다면 평소에는 상추를 안 먹는 사람도
금추가 되면 없어서 못 먹을 정도로 맛있게 먹고,
눈치도 없이 식당 주인에게 상추를 추가로 달라고 하여
눈치를 받은 사람도 있을 것입니다.
사람의 상추 소비는 거의 일정합니다만
장마를 비롯한 일기 불순으로 생산량이 조금만 부족하면
상추 가격이 폭등하여 금추가 되는 것입니다.
왜 조금만 부족해도 상추가 금추가 될까요?
거기에는 사람의 심리가 숨어 있습니다.

즉 상추 때에는 별로 안 먹는 사람도 금추가 되면 더 맛있게 느껴지고 그래서 많이 먹는 가수요가 숨어 있습니다.
즉 공급의 조금 부족이 수요의 증가와 합쳐져 공급과 수요의 부족한 차이를 더 확대시키는 것입니다.
그래서 상추가 금추가 되고 / 배추가 금추가 되고 / 김치가 금추가 되는 것입니다. 비단 상추뿐 일까요?
아파트도 조금만 부족하면 가수요가 폭발적으로 증가하여 아파트 가격을 폭등시킵니다.
아파트가 조금만 많아도 미분양이 발생하고, 아파트 거래 저조는 아파트 가격을 폭락시키는 것과 같은 심리입니다.

그래서 수요와 공급은 가격을 결정하는 가장 중요한 요소입니다.
수요와 공급의 미묘한 변동은 가격 폭등과 가격 폭락을 낳는 이유는 사람의 심리가 반영되기 때문입니다.
투자자는 늘 수요와 공급을 주시해야 합니다.
왜냐하면, 수요와 공급은 늘 시간 간격을 두고 사람의 심리를 반영하여 가격을 급변동시키기 때문입니다.
상추가 금추가 되는 과정을 통해 수요와 공급 그리고 사람의 심리를 생활 속에서 자주 발생합니다.
우리는 생활 속에서 성공과 실패의 원리를 발견해야 합니다.

새 제품보다
중고 제품이 비싼 상품은?

새 제품보다 중고 제품이 비싼 상품은 무엇일까요?

여러분은 어떤 상품이 새 제품보다 중고가 비싸다고 생각하는지요?

중고는 사실 저렴해야 정상이 아닌가요?

그래도 새 제품보다 중고가 비싼 상품이 있다면

여러분은 어떻게 하겠습니까?

새 제품을 사용하는 동안 새 제품은 중고 제품이 되지만

가격은 오히려 올라가니 그 제품을 구매하지 않으면

오히려 바보겠네요?

그런 상품, 즉 중고 제품이 새 제품보다 비싼 제품은

바로 금과 부동산입니다.

그래서 금과 부동산은 진짜 재산이 되는 것입니다.

다른 말로 표현하면 안심 투자가 가능합니다.

저자가 파는 상품이 중고가 되더라도
가격이 올라가는 이 일을 너무 사랑합니다.
부동산에 조금 더 빨리 눈을 뜨지 못한 것을 후회하면서도
지금이라도 눈을 뜬 것을 감사하고 있습니다.
저자가 파는 상품을 구매한 사람은 소비자이지만
소비자라고 부르지 않고 투자자라고 부르는 것에 보람을 가집니다.
저자가 하는 일은 부자를 만드는 일이고
투자대학교를 만든 이유이기도 합니다.

부자를 만들고자 하는 노력은
    1. 땅 투자 땅 짚고 헤엄치기
    2. 투자 바이블
    3. 이번에 출간하는 이 책과
수시로 칼럼을 쓰기도 하고 투자 강의를 합니다.
왜냐하면, 가난해져 보니 풍요는 큰 축복임을 깨달았습니다.

투자자는 늘 행복해야 한다.
이것이 투자대학교의 목표입니다.

소주 가격
5천 원의 의미

제가 1991년 대학을 졸업하고 처음 들어간 직장이
서소문에 있는 유원건설입니다.

인사부에 근무할 때 야근하면서 자주 가는 식당이 인근에 있는
설렁탕으로 유명한 잼배옥이었습니다.

그때 저자의 소주 정량은 반 잔이었고, 반 잔만 먹으면 몽롱하면서
선배들의 이야기를 지루하게 참으며 반주 겸 식사자리가 끝나기
만을 기다리던 시절이 옛날 같습니다.

지금은 어느 순간 술과 술자리를 즐기며 소주 한 병은 무난하게
마시는 애주가가 되었습니다.

그때 2천 원 하는 소주 가격이 지금은 5천 원입니다.

자본주의에 사는 우리는 누구도 인플레이션을 피할 수가 없습니다.

식당에서 소주 가격 2천 원 하는 것이 5천 원으로 오른 것을 보고

어떻게 하면 인플레이션을 쉽고, 실감 나게 느낄 수 있을까를 고민하였습니다.

그래서 찾아낸 것이 바로 이것입니다.

지금 5억 원 돈은 예전 소주 가격 2천 원 시절의 2억 원과 같은 가치라는 것입니다.

그때 2억 원은 서울 서민 집 2채를 구매할 수 있는 돈입니다.

지금 주택으로 환산하면 20억 내외입니다.

2억 원이 저축으로 5억 원 되었다고 해도

좋아만 해야 할 일이 아니라는 것입니다.

이것이 돈과 인플레이션 가장 쉽게 이야기한 본질입니다.

돈의 가치는 시간이 흐를수록 하락하고 물가는 오르고 있습니다.

그래서 우리의 월급도 어쩔 수 없이 오르는 것입니다.

투자는 인플레이션을 뛰어넘는 것에 투자해야 진짜 투자입니다.

나머지는 다 가짜입니다.

이것이 투자의 관점에서 바라본 소주 가격 5천 원의 의미입니다.

순간의 선택이
10년을 좌우한다

예전에 금성에서 만든 텔레비전 광고입니다.

정말 전설과 같은 광고입니다.

그런데 살아보니 순간의 선택이

10년을 좌우한 것들이 정말 많았습니다. 몇 가지를 살펴보면

대학교 선택이 그랬고, 직장 선택이 그랬고, 투자 선택이 그랬습니다.

잘한 선택도 있었고, 잘못한 선택도 있었습니다.

그런 선택들은 10년 이상 좌우한 것도 있고

어떤 선택은 평생을 좌우한 것도 있습니다.

제가 만난 많은 사람은 주식투자로 힘들어하고 있습니다.

순간의 선택으로 시작한 주식 투자가

평생의 짐이 된 사람을 많이 보았습니다.

물론 부동산 투자로 힘든 사람도 보았습니다.

그렇지만 부동산 투자와 주식 투자를 보면

부동산 투자는 수익을 본 사람이 훨씬 더 많았습니다.

그래서 지금도 많은 사람이 부동산 불패신화를 믿고 있는 것입니다.

어떤 사람은 지금도 부동산 불패신화를 쓰고 있습니다.

부동산 불패신화는 통상 3년간의 고생을 요구합니다.

분양을 받고, 중도금을 지급하고, 등기를 받는

모든 과정이 통상 3년이 소요됩니다.

그 이후에는 원리금을 상환하는 고생도 있지만

오르는 집값을 생각하면 행복한 고생입니다.

만일 3년의 고생이 싫어 투자하지 않는다면

앞으로 남은 30년 이상을 고생한다는 것이 과거의 경험입니다.

지금도 3년을 고생하면 30년 이상 풍요로울 수가 있는

투자의 선택지가 많습니다.

3년 고생이 싫어서

귀찮아서

멀어서

돈이 없어서 등

투자를 안 하는 많은 이유는 있습니다.

그래도 3년 고생을 선택한 많은 사람은

앞으로 30년 이상의 풍요를 믿는 사람입니다.

순간의 선택으로 평생이 행복하였으면 좋겠습니다.

국방부 시계는
돌아간다

군대 다녀온 남자는 누구나 다 알고 있고 또 군대 생활이
힘들 때마다 지금도 국방부 시계는 돌아가고 있다고
말을 하면서 힘든 시간을 견딥니다.
남자가 군대 가는 이유가 제대라는 약속이 있기에
마음 놓고 군대 갈 수가 있습니다.
국방부 시계는 고장이 없기에 군인은 추운 겨울과 뜨거운 여름을
견디고 밤이면 밤마다 부족한 잠과 싸우며 보초를 섭니다.
힘든 군대 생활을 이기는 가장 큰 힘은
국방부 시계는 고장이 없이 오늘도 돌아가기 때문입니다.
만일 국방부 시계가 고장 난다면 이 모든 것은 무너집니다.
이와 비슷한 것이 있습니다.
만일 이것이 없다면 우리는 투자를 하지 않습니다.

그것은 바로 돈의 가치는 시간이 갈수록 하락한다는 것입니다.
이자를 아무리 많이 받아도 돈의 가치가 하락하는 것은 변함이
없습니다. 그것이 아니라면 우리는 투자를 할 이유가 없습니다.
그냥 편안하게 이자를 받으면 됩니다.
우리가 투자하는 이유는 돈의 가치를 지키고
돈을 활용하여 재산을 불리려고 합니다.

그래서 우리는 있는 돈과 없는 돈을 합쳐서
부동산 투자를 하는 것입니다.
만일 돈의 가치가 오르거나, 돈의 가치가 변함이 없다면
정말 위험한 도박이 되지만 돈의 가치는 꾸준히 하락하고
부동산의 가치는 꾸준히 오르기 때문에 우리가 하는 행동은
투자가 되는 것입니다.
국방부 시계가 지금도 돌아가듯이 돈의 가치는 지금도 하락합니다.
이것이 무너진다면 투자의 모든 것은 무너집니다.

오늘도 돈의 가치가 하락하고 있다는 것을
부자는 먼저 알고 있기에
부자는 부동산으로 부를 이루고
또 부를 지키고 있는 것입니다.

준비하고
쏘세요!

나이가 50대 이상인 사람은 다 기억날 것입니다.

40대도 기억하는 사람도 있을 것입니다.

바로 주택복권 당첨방송에서 나오는 멘트입니다.

그 당시 당첨금이 얼마인지 기억나십니까?

당첨금은 바로 1천만 원입니다.

지금 생각하면 '너무 집값이 싼 것이 아닌가요?'라는

느낌이 들 것입니다.

「웃으면 복이 와요」 코미디 프로에서도 주택복권을 소재로

웃긴 이야기가 기억나기도 합니다.

그 당시에도 서민은 집을 구하기가 매우 어려워

코미디 프로에서 이야기한 것이 아닌가 생각해 봅니다.

그 돈이면 그 당시에 서울 서민의 집을 살 수 있는

금액이었습니다.

1천만 원이면 살 수 있는 집이

이제는 평균 10억을 주어야 살 수가 있습니다.

무려 주택 가격은 100배가 올랐습니다.

그 당시에는 고금리였습니다.

주택복권 당첨금 1천만 원을

은행에 저축하였다면 과연 얼마가 되었을까요?

과연 집보다 많이 올랐을까요?

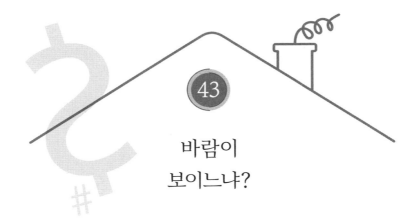

43

바람이
보이느냐?

바람이 보이느냐? 물으면 대다수 사람은

"바람은 보이지는 않지만 느낄 수는 있다."라고 대답할 것입니다.

또 어떤 사람은 "바람을 직접 보지는 못하지만, 간접적으로 볼 수

있다."라고 대답할 것입니다.

둘 다 맞는 대답입니다.

바람은 눈에 보이지는 않지만 우리는 바람의 존재를 느낍니다.

느낌의 존재인 바람을 우리는 어떻게 볼 수가 있을까요?

그래서 대부분 사람은 "바람은 볼 수가 없다."라고 대답하는 것

입니다. 느낌의 존재인 "바람을 볼 수가 있다."라고 말하는 사람

도 있습니다. 그런 사람은 "직접 바람을 볼 수가 없지만 바람의

움직임을 통해 바람을 간접적으로 볼 수가 있다."라는 것입니다.

예를 들면 나무의 움직임을 통해 강한 바람도 보고

또 산들산들한 시원한 바람을 봅니다.

파도의 강약을 통해 태풍 같은 바람을 보고

또 잔잔한 시원한 바람을 봅니다.

이처럼 느낄 수만 있고 직접 볼 수 없는 바람을 사물을 통해

간접적으로 바람을 볼 수가 있습니다.

이와 비슷한 것이 돈의 흐름입니다.

사실 돈의 흐름도 직접 볼 수가 없지만 느낄 수가 있습니다.

직접 볼 수 없는 돈의 흐름을 바람처럼 간접적으로 볼 수가 있습니다.

우리는 돈의 흐름을

사람이 지나가는 곳에서

사람이 머무는 곳에서

사람이 모이는 곳에서

인구가 늘어가는 곳에서

우리는 간접적으로 볼 수가 있습니다.

더 많은 돈의 흐름을

기업이 있는 곳에서

기업이 오는 곳에서

기업이 모여 있는 곳에서

우리는 간접적으로 볼 수가 있습니다.

왜냐하면, 기업이 온다는 것은
돈과 사람과 일자리가 함께 오는 어마어마한 일이기 때문입니다.

투자는 보이지 않는 돈의 흐름을 사람의 움직임을 통해
기업의 움직임을 통해 간접적으로 보아야 합니다.

44

장고 끝에
악수 둔다

바둑 격언입니다. 이기기 위해 많은 시간을 투입하지만
결국 악수를 두어지는 경우가 많다는 이야기입니다.
얼마나 바둑판에서 이런 일이 비일비재하게 많으면
이런 속담이 생겨났을까요?
사실 바둑판의 장고 끝에 악수가 두는 곳보다
더 많이 일어나는 곳이 바로 부동산투자의 세계입니다.
예전 강북에 사는 많은 사람은
강남 투자를 장고 끝에 못하였습니다.
오늘 사지 못한 가격은 내일이면 더 올랐고 또 이미 팔린 경우도
있었습니다.
장고 끝에 악수 둔 대표적인 경우입니다.
지금도 장고 끝에 악수 둔 사람은 비싼 피를 주고 구매합니다.

이 사람은 그나마 다행입니다.

돈으로 실수를 만회하였으니까요?

실수를 만회 못 한 사람은 닭 쫓은 개처럼

그냥 지켜볼 수밖에 없는 것이 부동산투자의 세계입니다.

부동산에서 왜 서민이 유독 장고 끝에 악수 두는 경우가 많을까요?

사실 서민의 가진 돈은 늘 부족하기에

쉽게 결정 못 하는 경우가 많습니다.

모든 투자는 다 불안 불안합니다.

그래서 서민의 투자는 특히 용기가 더 필요로 합니다.

투자의 세계에서 장고 끝은 돈의 가치는 하락하고

부동산의 가치는 상승합니다.

왜냐하면, 돈은 종이에 그냥 찍어내는 것이고

부동산은 찍어내는 것이 아니라는 것입니다.

즉, 돈은 인플레이션 때문에 아끼다가 똥이 되는 것입니다.

똥이 되기 전에 투자하지 않으면

찍어내는 돈은 언제든지 똥이 됩니다.

투자는 돈이 똥이 되는 것을 방지하는 것입니다.

그러면 불안함을 이길 공부가 필요하고 용기도 필요한 것입니다.

특히 서민에게는 더 필요한 것입니다.

그렇지 않고서는 장고 끝에 악수를 두는 실수를 끝낼 수가 없습니다.

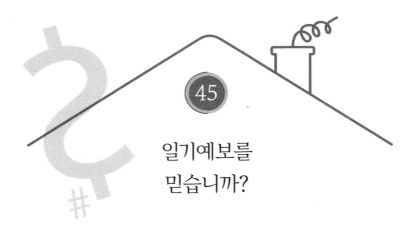

45

일기예보를
믿습니까?

여러분은 일기예보를 믿습니까?

대다수 국민은 일기예보를 믿고 행동을 합니다.

특히 바다를 생업으로 삼아 일하는 어부와

야외에서 일하는 건설현장에서는 일기예보를 아주 중요하게 여깁니다.

일기예보에 따라 어부는 바다로 나가는 행동을 취소하기도 하고

건설현장에서는 야외 작업을 뒤로 미루기도 합니다.

그만큼 일기예보는 전 국민의 삶에 지대한 영향을 주고 있습니다.

그러기에 정부는 슈퍼컴퓨터 도입 등 일기예보를 보다 정확하게

예측하고 또 폭우로 인한 홍수피해와 태풍으로 인한 피해를

줄이고자 노력하고 있습니다.

만일 투자의 세계에서도 일기예보처럼 투자예보가 있다면

얼마나 좋을까요?

그러면 투자예보에 따라 투자를 하면 안심이 되겠지요?

투자의 세계에서도 예측 가능한 예보시스템이 있습니다.

다만 우리가 모를 뿐입니다.

주식시장에서 삼성전자 주가를 예를 든다면

삼성전자의 주가를 결정하는 것은 외국인입니다.

심지어 외국인이 삼성전자의 주인이라고 이야기하면서

외국인이 연속적으로 사면 투자해도 되고,

외국인이 연속적으로 팔면 개인도 외국인 따라 팔아야 하며

투자하면 안 된다고 이야기하였습니다.

이것은 최근 몇 년간 삼성전자 주가로 검증된 것입니다.

이것이 투자예보입니다.

잘 보면 투자예보는 또 있습니다.

그럼 부동산에서는 어떤 투자예보가 있을까요?

그것이 바로 사람이 모이는 곳이 바로 투자예보입니다.

사람이 모이고 인구가 늘어나는 곳은

부동산 투자의 성공을 예측할 수 있습니다.

신설 역세권에는 신규 아파트를 많이 공급하기도 하고

사람이 많이 사는 곳에는

신규로 지하철을 건설하기도 하는 것입니다.

또 있습니다.

기업이 몰려오고 있는 곳은

단순히 사람이 모이는 곳보다 더 대박입니다.

왜냐하면, 기업이 몰려오고 있다는 것은

돈과 사람과 일자리가 함께 몰려오고 있기 때문입니다.

기업이 오는 것은 부동산투자 최고의 성공예보입니다.

대한민국은 수출을 통해 먹고 사는 나라입니다.

대한민국 물동량의 99.7%가 바다를 통해 수출하고 있습니다.

그래서 항만 주위로 많은 기업이 몰려 있으며

또 계속 몰려오고 있는 것입니다.

항만 부근에 기업이 몰려오고 있는 현상은

역세권 주위로 신규 아파트가 몰려드는 현상과 유사합니다.

바로 지하철은 사람을 불러 모으는 최고의 성공투자 신호이고

항만은 기업을 불러 모으는 최고의 성공투자 신호입니다.

그중에서도 최고는 평택항입니다.

투자자는 일기예보처럼 투자의 성공예보를 발굴하고자

노력해야 합니다.

그래야 목숨 같은 돈을 지킬 수가 있고

또 투자의 세계에서 성공할 수가 있습니다.

일기예보를 믿는다면 투자예보도 믿어보세요!

46. 처음 간 식당에서 음식을 주문할 때

처음 간 식당에서 음식을 주문할 때

여러분은 어떻게 주문을 하는지요?

사장님께 추천을 받나요?

아니면 주변 사람이 드시는 음식을 보고 눈치로 주문하는지요?

처음 간 식당에서 주문할 때 난감할 때가 있지요?

그때 무난하게 음식을 주문하는 방법이 있습니다.

그것은 바로 맨 위에 적힌 메뉴를 선택하면

큰 실수 없이 맛있게 먹을 수가 있습니다.

그것은 바로 사장님께서 가장 자신 있는 메뉴,

잘 나가는 순서대로 메뉴를 최상단에 적기 때문입니다.

이와 비슷한 원리가 부동산에도 적용되는 것이 있습니다.

그것은 신도시에 수많은 아파트 중에 시범아파트가 바로 그것입니다.
시범아파트의 분양이 성공해야 신도시 아파트 분양이 성공하는
시금석이기에 시범아파트는 가장 좋은 위치에 있고,
가장 저렴하게 분양하기에 가장 많이 오르는 아파트가 됩니다.

그것은 여러분이 바로 검증 가능합니다.
왜냐하면, 이미 많은 신도시가 있기 때문입니다.
그중에 신도시의 시범아파트가 가장 좋은 위치에 있고,
가장 먼저 분양하기에 분양가는 가장 저렴하고 하고,
시간이 지나면 가장 비쌉니다.
새로운 곳에 먼저 들어가는 부동산은 처음 분양이 중요합니다.
그래서 입지는 가장 좋은 곳을 선택하고, 가격은 가장 저렴하게
분양하기에 좀처럼 투자의 실패가 없습니다.

마치 처음 간 식당에서 맨 처음 메뉴를 선택하면
실패가 없는 것과 비슷한 원리이기 때문입니다.

저자는 우리의 일상에서
투자의 성공 원리를 발굴하고자 노력합니다.
왜냐하면, 투자자는 늘 행복해야 하기 때문입니다.

47

야!
제비다!

요즘은 제비를 보기가 매우 어렵습니다.

작년 봄에도, 재작년 봄에도 최근 10년 내에는

제비를 본 기억이 없습니다.

제가 어릴 때 고향 집 처마에

제비가 둥지를 짓고 살았습니다.

그래서 제비는 상당히 반가운 추억이 있는 새입니다.

2023년 봄에 제비를 본다면 많은 사람은

저처럼 야! 제비다! 하고

반가운 감탄사를 말했을 것입니다.

감탄사로 끝나도 좋습니다.

사람이 감정을 표현할 수 있다는 것은 행복한 일입니다.

조금 더 나가서 제비를 보고 추억에 잠길 뿐만 아니라

이제 봄이 왔음을 느끼기를 바랍니다.

그리고 봄이 오면 여행을 갈까?

봄옷을 살까?

봄이 주는 행복을 누리기를 바랍니다.

하나 더 나아가 사람이 봄에 여행을 많이 가니까

여행 관련 주식에 투자할까?

여기까지 생각하여야 비로소 투자자라고 할 수 있습니다.

니들이
게 맛을 알어!

2002년, 배우 신구 선생님이 출연한 롯데리아 광고입니다.

광고계의 전설이 된 명대사입니다.

이것을 패러디하여 "니들이 봄을 알어?"라고 만들어 보았습니다.

2023년 2월 4일이 입춘이었습니다.

"입춘대길 건양대경(立春大吉 建陽多慶)"

우리 조상부터 시작된 덕담 인사가

지금도 여전히 사용되고 있습니다.

저도 어릴 때 나이가 든 지금만큼 봄을 사랑하지 않았습니다.

나이가 들수록 봄은 아름답고 또 봄을 그리워하게 되었습니다.

지금은 따스한 옷과 따뜻한 집이 있는데도

봄을 좋아하고 기다려지고 하는데,

우리 조상은 지금보다 추운 집에서 지금보다 추운 옷으로 겨울을 버텨내기가 여간 고통스러운 것이 아닐 것입니다.

그래서 지금보다 열 배, 백 배 봄을 기다리고 또 기다리면서

봄을 즐기는 것 같습니다.

나이가 들수록 봄만 아름다운 것이 아니라,

집 앞에 있는 조경석도 아름답게 보이고,

경상도 촌놈이 꽃을 보는 시각도

먹는 것이 아니라서 무시하는 것에서

꽃은 아름답고 더욱 사랑스럽게 느껴지고 있습니다.

나이가 주는 행복이라는 생각이 들었습니다.

나이가 주는 혜택은 부동산에서도 마찬가지입니다.

나이 쉰 살이 넘어서 땅이 눈에 보이고 땅이 눈에 보이니

부동산이 더 잘 보이는 것은

나이가 주는 또 다른 축복이라는 생각이 들었습니다.

한편으로는 조금 더 일찍 부동산에 눈을 떴다면

얼마나 좋을까 하는 아쉬움도 들었습니다.

그래서 이 책으로 많은 사람이 한 살이라도 젊을 때

부동산 안목이 생겨 삶의 질이 풍성해지기를 바랍니다.

49

매화꽃이 피면 봄이
온 줄 알거라!

나이가 들수록 봄이 기다려지고 아름답게 느껴집니다.

우리는 통상 3, 4, 5월을 봄이라고 합니다만

길어지는 겨울과 여름 짧아지는 봄과 가을로 인해

경계선이 있는 달에는 계절이 애매하기도 합니다. 그래도 사람은

봄에 꽃이 피면 봄이라고 생각하고 느끼고 봄을 즐깁니다.

봄을 알리는 전령사인 매화꽃, 산수유꽃, 개나리꽃, 진달래, 벚꽃

등이 피면서 "야호! 봄이다."라고 소리칩니다.

우리는 꽃이 피면서 외치는 소리와 몸짓을 통해 봄을 느끼고

즐깁니다. 정말 꽃은 봄의 소식을 알리는 고마운 존재입니다.

우리가 꽃을 통해 얻는 정보는 오랜 시간 동안 사람이 체험하면서

그냥 아는 자연스러운 정보가 되었습니다.

이렇게 꽃이 피면서 봄이 주는 신호처럼

투자의 세계에서도 신호를 주는 것이 많습니다.

대표적인 신호는 자재비의 상승은 분양가의 상승으로 이어진다.

사람이 몰려오는 곳은 부동산 가격이 오른다.

기업이 몰려오면 부동산 가격이 오른다.

교통이 좋아지면 부동산 가격이 오른다.

미분양이 많으면 3~4년 뒤에는 공급물량이 급감한다.

외국인이 주식을 계속 사면 주가는 오르고

외국인이 계속 팔면 주가는 내린다.

수많은 신호가

우리에게 안전한 투자처를 안내해주는 투자의 전령사입니다.

투자자는 늘 신호를 발굴하고,

신호에 예민해야 투자에 성공할 수가 있습니다.

탈무드에 나오는
물고기 이야기

유대인의 탈무드에 나오는 물고기를 주는 것과

물고기 잡는 방법을 알려주는 이야기는 누구나 아는 이야기입니다.

저는 물고기를 그냥 주는 것보다 물고기 잡는 기술을

가르치는 것이 좋다고 이해를 하였습니다.

나이를 들어보니 단순히 물고기 잡는 기술이 아니라

물고기 잡는 지혜를 알려주는 것이라는 것을 깨달았습니다.

저도 힘들 때마다 어머니에게 많은 경제적 도움을 받았습니다.

정말 감사한 마음만 있습니다.

그런데 그 돈을 지키는 것도 실패하였고

또 불리는 것도 실패하였습니다.

어머니의 고생하심을 생각하면 죄송할 따름입니다.

물고기를 줄 때, 물고기를 잡는 지혜를 함께 주어야 합니다.

돈도 마찬가지입니다.

돈을 주면서 돈을 지키는 방법과 불리는 방법을

함께 주어야 합니다.

그래야 자식은 피 같은 돈을 지킬 수가 있고

또 불릴 수도 있습니다.

이제야 보입니다.

2천 년 동안 나라 잃은 유대인은 언제든지 도망갈 수 있도록

금으로 재테크를 하였고

나라를 되찾은 후에는

땅은 하나님의 축복이라며 부동산과 함께 재테크를 하였습니다.

유대인은 부동산을 한번 사면 더 좋은 부동산을 사기 전까지는

다른 사람에게 좀처럼 팔지 않는다고 합니다.

금과 부동산은 실물 자산의 대명사입니다.

어릴 때부터 탈무드를 통해 물고기 잡는 지혜를 배우는

유대인처럼 우리도 물고기를 잡는 지혜를 배워야 합니다.

그 방법은 '돈'이라는 것을 배워야 합니다.

부동산을 배워야 합니다.

그래야 우리가 잘살 수가 있습니다.

51

학사, 석사,
박사, 나사

똑똑한 사람을 나열한 것입니다.

학사, 석사, 박사는 이해가 됩니다.

나사는 미국의 나사가 아니라 나이 든 사람의 준말입니다.

나이가 든 사람은 많은 경험이 축적된 사람입니다.

그래서 나이가 든 사람에게서 나오는 지혜는

학사, 석사, 박사가 따라오지 못합니다.

지금은 사회가 워낙 급속하게 발전하기 때문에

속도에 맞는 지식 습득도 쉽지 않습니다.

하물며 지혜 습득은 더 어렵습니다.

지혜는 지식을 곱씹어 발효시켜야 나오기 때문입니다.

또 지혜는 성공 경험과 실패 경험을 통해서 습득하기도 합니다.

그래서 나이가 든 사람의 지혜는

젊은이가 쉽게 따라올 수 없는 것입니다.

인간관계의 중요성을 아는 것도 나이가 어느 정도 들어야 합니다.

주식 투자가 무섭다는 것은 돈을 잃어봐야 합니다.

건강이 최고라고 이야기하는 것은

본인이 아파봐야 알거나 아니면 나이가 들면 저절로 알게 됩니다.

투자의 세계에서도

부동산이 최고라고 아는 것도 나이가 어느 정도 들면 알게 됩니다.

학사보다 석사가 낫고, 석사보다 박사가 낫고,

박사보다 나사가 낫습니다.

나이가 든 사람이 주는 지혜를 우리가 빨리 습득할 수 있다면

투자의 세계에서도 우리는 보다 안전하게 성공할 수 있습니다.

사람이 누구나 좋아하는 월급,

나이가 든 사람이 좋아하는 연금

수익형 부동산인 부동산 월세는 월급이면서 연금이고

자자손손 재산의 가치를 불리면서 상속할 수 있는

유일한 월급이면서 연금입니다.

그래서 서양에서는 부동산이 많을수록

계급이 높아진다고 하였습니다.

그것은 부동산이라는 Real Estate에 숨어 있습니다.

52

일급, 주급,
월급

우리가 노동의 보답으로 받는 형태는 일급, 주급, 월급이 있습니다.

일급보다는 일당이 더 익숙한 단어입니다.

우리는 일당보다는 월급을 선호합니다.

일당은 주로 건설현장 불규칙노동자가 많이 받는 형태입니다.

주급은 우리나라에서는 별로 익숙한 형태는 아닙니다만

유럽의 프로 축구선수 등이 많이 받는 형태입니다.

우리는 보통 월급에 익숙해져서 있습니다.

임대료, 카드대금, 할부금, 이자 등 웬만한 형태가

월 지급 방식입니다.

그래서 월급이 가장 이상적인 급여 형태로 자리 잡았습니다.

월급이 없는 구석기시대에서는 하루하루가 먹는 것과의 전쟁이었고

농경사회에서는 일 년에 두 번 수확한 것으로

일 년을 버터야 했습니다.

그때 많은 사람을 힘들게 한 것이 보릿고개였습니다.

월급이 보편화된 것은 어떻게 보면 축복입니다.

일당 받는 사람은 내일을 기약하기 어렵고 불안하기 때문에

계획적 저축과 투자를 하지 못하고,

보통예금에 돈을 맡기는 경우가 많습니다.

월급을 받는 형태에도 고정급 형태의 급여생활자와

성과에 의해 소득이 달라지는 프리랜서가 있습니다.

일정하게 급여를 받는 급여생활자는 소득에서 저축, 투자, 소비를

합리적 배분이 가능하여 돈을 모으고 불리는 데 훨씬 유리합니다.

월급이 있기에 우리는 한 달을 살아갑니다.

그리고 저축과 투자를 합니다.

이렇게 좋은 월급을 "영원히 누릴 방법이 없을까?"를

해결한 상품이 바로 연금입니다.

그래서 월급보다 연금이 좋습니다.

일을 안 해도 월급이 나오고

몸이 아파도 월급이 나오고

여행을 가도 월급이 나오기 때문입니다.

그렇게 좋은 연금도 단점이 있습니다.

개인연금은 고정적으로 연금을 받지만

실질적 물가를 반영하면 받는 연금이 점차 줄어드는 것과 같습니다.

국가연금(국민, 공무원, 군인)과 사학연금은

계속되는 연금 자원의 고갈 때문에 늘 개혁의 대상입니다.

그렇게 좋은 연금도 자녀에게 이어가지는 못합니다.

일을 못 할 상황이 와도 받는 월급이 있다면 얼마나 좋을까요?

그것은 나를 대신하여 일하는 나의 아바타를 만들어 놓으면 됩니다.

바로 부동산 월급입니다.

즉 월세를 받는 수익형 부동산입니다.

특히 불경기에 받는 부동산 월급은 큰 힘이 됩니다.

국가연금처럼 고갈되지 않고, 개인연금처럼 줄어들지 않는

연금이 있다면 얼마나 좋을까요?

그것이 바로 부동산 연금입니다.

수익형 부동산인 부동산 월세는 월급이면서 연금이고

자자손손 재산의 가치를 불리면서 상속할 수 있는

유일한 월급이면서 연금입니다.

오피스텔이 꾸준히 있기 있는 이유이기도 합니다.

최근에 인기 있는 수익형 부동산이 바로 지식산업센터입니다.

부동산의 유행은 늘 변하기도 합니다.

그러나 부동산 월급의 소중함은 변하지 않습니다.

53

아끼다
똥 된다

기회를 놓치지 말라는 경계의 소리로 "아끼다 똥 된다."란
표현을 자주 합니다.

사랑하는 사람이 있다면 당연히 용기를 내어 고백해야 합니다.

용기 있는 다른 사람이 낚아채는 일이 발생할 수도 있습니다.

매력적인 투자처가 있다면 용기를 내야 합니다.

다들 사람이 낚아챕니다.

오늘은 누구나 좋아하는 돈 이야기입니다.

누구나 좋아하는 돈, 우리는 열심히 저축하여 돈을 모읍니다.

돈을 열심히 모으기만 하고 돈을 잘 활용하지 못하면
아끼다 똥 됩니다.

그 주범은 바로 시간의 흐름에서 발생하는 인플레이션입니다.

인플레이션을 겪은 사람은 누구나 아는 이야기입니다.

누구나 좋아하는 돈, 아끼다 똥 됩니다.

이자 받는 것 너무 좋아하지 마세요.

이자 받다가 소중한 돈이 똥 될 수도 있습니다.

우리가 살면서 아끼다 똥 된 경험은 누구나 겪었을 것입니다.

문제는 앞으로도 겪지 말아야 할 교훈이 "아끼다 똥 된다."입니다.

저자는 소중한 돈을 아끼다 똥 되는 것을 방지하고자 노력합니다.

왜냐하면, 지금 가지고 있는 돈은 무척 소중하니까요?

54

깝죽대다
뒤진다

아무리 생각해도 요즘 미국이 하는 행동이 안하무인입니다.

미국에 투자하면 세제 등 많은 혜택을 주겠노라고 유혹하다가

막상 투자하면 수익 중 일부분을 토해내라고 협박하고 있습니다.

토해내는 것은 투자와 고용 창출과 세금으로 충분합니다.

미국에 누가 투자를 할지 모르겠습니다. 사실 미국의 안하무인은

끝이 없습니다. 금융위기 때 미국 달러를 무제한 발행하고

달러 가치를 지키기 위해 다른 나라 화폐를 무력화하기 위해

금융위기를 조장한 것은 누구나 다 아는 일입니다.

지금도 미국이 무리하게 인플레이션을 잡는다고 깝죽대다가

미국의 SVB 은행의 파산을 불러왔습니다.

미국이 하면 다 된다. 이것은 착각입니다.

미국의 힘보다 센 것은 미국의 시장입니다.

시장의 속도보다 빠른 금리 인상은 결국 미국의 경제를 심각하게 왜곡시키고 심하면 미국 경제를 파괴할 수도 있습니다.

사실 미국이라고 인플레이션을 쉽게 잡는다고 생각하는 것 자체가 오만입니다. 달러는 무제한 찍어내는 것이 가능하지만 실물 경제는 무제한 찍어내는 달러와 달리 무제한 찍어낼 수가 없습니다.

자본주의의 본질은 오류는 있지만 한 줄로 요약하면 인플레이션 입니다. 물가는 오르는 것이 당연합니다.

미국발 인플레이션은 미국 마음대로 찍어낸 달러가 원죄입니다.

이 원죄 때문에 세계 각국은 미국의 편에서 표면적으로는 아니지만 마음속으로는 조금씩 마음을 돌릴 것입니다.

미국발 SVB 은행의 파산은 어떻게 보면 연방준비제도의 과도한 금리 인상에 의한 재앙(인재)이기 때문에 연방준비제도에 대한 불신으로 나타날 것입니다. 그것은 금리 인하로 연결될 것입니다.

그렇지 않고서는 더 많은 시장의 주체가 파산하고 무너질 것입니다.

그래서 미국의 기업과 시장을 살리기 위한 금리 동결과 금리 인 하 조치가 빠르게 진행될 것입니다. 혹시 지금 미국발 고금리로 인해 힘들어하고 있다면 지금은 참고 인내할 시간입니다.

조만간 미국발 금리 인상 소식은 사라질 가능성이 있기 때문입니다.

그래야 미국 시장이 살고 세계 경제가 살 것입니다.

미국이 아무리 설쳐도 시장을 이길 수는 없습니다.

시장을 흔들다가는 정권을 잃는 수가 있기 때문입니다.

55

당신은 무엇을
파시나요?

당신을 무엇을 파시나요?

우리는 무엇을 파는 보답으로 돈을 법니다.

그냥 돈을 벌기 위해 판매한다면 많은 문제점이 발생합니다.

돈을 벌기 위해 콩나물 생산자가 성장촉진제를 사용하여 콩나물

을 생산할 때 풀무원은 건강한 먹거리를 추구하였습니다.

조금 느리게 콩나물을 키우는 철학이

건강한 콩나물을 만드는 뚝심이

오늘의 풀무원 식품을 만들었습니다.

그리고 소비자가 인정하고 환영하였습니다.

제가 좋아하는 화가의 그림에는 사랑이 있습니다.

기쁨이 있습니다.

그리고 행복이 있습니다.

그래서 소품이지만 그림을 삽니다.

그러나 제가 사는 것은 단순한 그림이 아닙니다.

사랑을 사고, 기쁨을 사고, 행복을 삽니다.

또 어떤 화가는 생명의 기운을 담고 축복을 담습니다.

그분의 그림을 사는 사람은 단순히 그림을 사는 것이 아니라

기운을 사고, 축복을 사는 것입니다.

당신은 무엇을 파시나요?

단순히 돈을 벌기 위해 판매만 한다면

그 끝은 건물이 무너지는 순간까지 돈을 벌려고 한

삼풍백화점 주인과 큰 차이가 없을 수도 있습니다.

건설업자는 아파트를 통하여 안전을 팔고 행복을 팔아야 합니다.

보험설계사는 수당이 많은 상품 대신에

그 가정에 필요한 안전과 행복을 보장해야 합니다.

저는 부를 팔려고 합니다.

축복을 팔리고 합니다.

행복을 팔려고 합니다.

가난한 삶을 살아보니까

풍요는 큰 축복임을 알았습니다.

그래서 모든 사람이 부자가 되는 꿈을 꿉니다.

56
소나무

소나무는 한민족의 기상과 절개를 상징하는 대표적인 나무입니다.
추위를 겪고 나서야 소나무의 푸르름은 더욱 빛을 봅니다.
여름에는 모든 나무가 푸른색 일색입니다.
가을이 지나고 겨울이 오기 시작하면 많은 나무는 단풍으로 물들고
낙엽으로 잎을 버립니다. 이런 점이 소나무는 한민족의 기상과
변치 않는 절개를 상징하게 되었습니다.
추사 김정희 님의 세한도가 소나무의 상징을 가장 잘 표현한 것
입니다. 소나무를 그렸지만 어려운 환경에 있음에도 변치 않는
제자 이상적에 대한 상징을 이중적으로 그린 그림이 세한도입니다.
어려움은 진짜와 가짜를 가르는 기회이기도 합니다.
이것은 투자의 세계에서도 마찬가지입니다.
가격이 폭락할 때 지지하거나 적게 하락하는 주식과 부동산이 대표

적입니다. 아파트 경기가 좋을 때는 아파트 가격은 평수와 상관없이 오르지만 불경기에는 관리비 부담 때문에 평수가 큰 아파트는 소형 아파트보다 더 많이 하락합니다.

가격 하락할 때 강북아파트보다는 강남아파트가 적게 하락하고 가격 상승할 때 강남아파트가 강북아파트보다 먼저 오르고 또 많이 오릅니다.

부동산에서 매매차익을 추구하는 차익형 부동산보다는 매월 월세를 받는 수익형 부동산이 가격 하락은 적고 또 버틸 힘이 강합니다.

가격이 오를 때는 웬만하면 다 같이 올라 구분하기가 쉽지 않지만 하락장과 폭락장은 소나무의 푸르름이 주는 가치가 더욱 빛납니다.

투자는 불황기에 강한 투자 소나무와 같은 곳이 좋은 투자입니다.

불황에 강한 투자 그것은 발굴하는 사람의 몫입니다.

소나무 같은 투자처 지금도 많이 있습니다.

57

별이
빛나는 밤에

별은 밤하늘의 보배입니다.

별을 좋아하지 않는 사람을 보지 못하였습니다.

그만큼 많은 사람이 별을 좋아합니다.

어릴 때 별을 많이 보고 자랐습니다.

그렇게 자주 보이고 많이 보이는 별을

요즘은 좀처럼 보기가 힘이 듭니다.

어두운 밤길을 밝히는 수많은 가로등과 많은 불빛이

밤하늘 별을 보는 것을 방해하기 때문입니다.

그렇다고 수많은 별이 사라진 것은 아닙니다.

다만 밝은 불빛으로 인해 안 보일 뿐입니다.

요즘 잘 안 보이는 별도 우리가 불빛이 없는 지리산이나

가로등 없는 섬에서 보면 밤하늘의 수많은 별을 볼 수가 있습니다.

별은 어두울수록 잘 보입니다.

주식 투자에서도 하락장에서 나 홀로 빨간 불을 켜면서
'나 여기 있다!' 소리치는 종목에 투자하라는 말이 있습니다.
어두울수록 잘 보이는 별처럼
불경기에서 오르는 지역과 불경기에서 잘 안 빠지는 곳에
투자하면 실패가 없습니다.
불경기에는 매월 수익을 내는 상품이 좋은 투자처입니다.
아파트 등 시세차익을 내는 상품은 불경기에는 가격은 하락하고
만일 대출이 있다면 대출이자로 인해 이중으로 고생하기 때문입니다.
그래서 많은 사람이 월세를 받는 수익형 부동산을 찾고 있습니다.
그 배경에는 오래 사는 것에 대한 불안감 때문입니다.
부동산 월세는 평생 받는 월급입니다.
부동산 월세는 평생 받는 연금입니다.
부동산 월급과 연금은 꾸준히 오릅니다.
부동산 연금은 고갈되지 않습니다.
부동산 연금은 자녀에게 상속 가능합니다.
별이 어둠에서 가장 빛이 나듯이 인생에 가장 나약한 노후에 받는
부동산이 주는 월급과 연금은 노인을 행복하게 만들 것입니다.
나를 행복하게 만들 것입니다.

58

월급쟁이의
꿈

월급쟁이는 꿈이 있습니다.

좋은 직장에 들어가기를 원합니다.

그리고 제때 승진하기를 원합니다.

마지막 꿈은 정년까지 일하기를 원합니다.

임원을 꿈꾸기도 하며 드물지만 대표이사를 꿈꾸는 사람도

있습니다. 그 꿈은 소박한 꿈도 있고 대표이사를 바라보고

또 창업을 꿈꾸는 원대한 꿈도 있습니다.

그 꿈이 대한민국을 발전시켜 왔습니다.

그래서 모든 꿈은 다 아름답습니다.

그 꿈의 저변에는 가족과 본인의 행복과 직장에서의

행복한 생활이 있습니다. 직장생활을 해야만 월급이 나오기 때문에

특별한 경우 예를 들면 창업이나

더 좋은 회사로의 이직 등 자발적 퇴사를 제외하고는

가능한 오랜 시간 직장생활을 하고자 합니다.

월급이 나와 가족의 목숨줄이기 때문입니다.

그 꿈 오래오래 월급 받고 싶다는 꿈을 현실적으로 가능하게 만

든 것이 바로 연금입니다. 연금이 이 세상에 도입되고 나서

비로소 사람은 노후에 자식에게 의지하지 않고

한 사람의 인격체로서 독립된 삶을 살 수 있게 되었습니다.

그런 꿈도 최근에는 위태롭게 되어가고 있습니다.

바로 노인을 사람으로 살 수 있게 만드는 마지막 월급,

즉 연금이 고갈되어 가고 있습니다.

연금고갈 이것은 시간의 문제이고 피할 수는 없습니다. 그래서 월

급보다 좋은 연금, 연금보다 좋은 부동산 월세를 만들어야 합니다,

부동산 월세는

정년이 없는 월급이며

고갈이 없는 연금이며

자산가치가 오를수록 월급과 연금이 오르는 자산이며

자자손손 상속이 가능한 자산입니다.

그래서 부동산 월세는

월급, 연금, 자산인 동시에 월급쟁이 꿈인 오래오래

정년 없는 월급을 받게 해주는 꿈의 완성판입니다.

59

장사하는
사람의 꿈

저도 I.M.F 때에 장사를 짧은 기간 동안 하였습니다.

장사 하며 느낀 점은 손님이 오면 몸도 마음도 신이 나지만

가장 힘든 것은 손님을 기다리는 것이었습니다.

처음 장사를 하니 장사의 목 즉 유동인구와 상주인구 등

아무것도 모른 상태에서 카페의 편안한 분위기에 취해서

가게를 인수하였습니다.

모르고 인수한 대가는 고생과 금전적 손실이었습니다.

장사하면서 피부로 느낀 점은

뒤돌아서면 임대료 내야 하는 날이 돌아온다는 것이었습니다.

한 달이 눈 깜짝하면 돌아옵니다.

장사가 안될수록 임대료의 부담은 커지며, 쉴 수가 없고

일요일도 문을 열어야 한다는 점입니다.

가게를 살릴 방안 중 하나였습니다.

쉴 수가 없으니 빨간 날에 쉬는 사람이

참으로 부럽다는 생각이 들었습니다.

참고로 저도 낮에는 직장생활을 하였고

IMF로 급여의 반 토막 대안으로 시작한 것이 장사였습니다.

그때에는 괜히 시작하였다는 후회가 들었지만

지금은 많은 수업료를 내고 배운 아픈 교훈만 남아 있습니다.

임대료는 내는 임차인은 한 달이 금방 돌아오지만

임대료를 받는 건물주는 한 달이라는 시간은 변함이 없습니다.

즉 임대인은 그만큼 경기변동이나 상황에 느긋하다는 것입니다.

임차인은 한 달이 천천히 도래하면 좋고

임대인은 한 달이 빨리 오면 좋다는 것입니다.

이는 한 사람은 지출하는 비용이고

다른 한 사람은 들어오는 수익이기 때문입니다.

그래서 장사하는 사람의 꿈은

내 소유의 가게에서 장사하는 것입니다.

처음 돈이 부족하여 임대료를 지급하면서 장사를 하지만

때때로 임대료를 올려 달라는 것을 생각하면 열불이 나기도 하며

이때까지 지급한 임대료만 해도

가게를 살 돈 이상을 지급한 사람도 있을 것입니다.

지금 장사하는 가게가 어느 정도 돌아가면

지금 장사하는 곳을 살 수만 있다면 사는 것이 최선이지만
사정상 장사하는 곳을 사기가 쉽지는 않을 것입니다.
그 대신에 주변이나 거리가 조금 있더라도
형편에 맞는 상가를 인수하여 작은 임대인이 되는 것이
현재 장사하는 곳의 임대료가 오르는 위험을
회피하는 길이 아닌가 생각해 봅니다.
처음 하나가 힘들지만 하나씩 계속 늘려 가면
어느 순간 장사해서 버는 소득보다
임대수입이 많은 시기가 도래할 것입니다.
또 구매한 상가의 가격 상승은 보너스가 될 것입니다.
좋은 부동산은 기다려 주지를 않습니다.
그래서 잡을 수만 있다면 먼저 잡고 시작하면 좋습니다.
여기에는 용기가 필요합니다.
우물쭈물하다가 놓치면 땅 치고 후회합니다.

지금까지 지급한 임대료가 아깝다는 생각이 든다면
나도 임대료를 받는 주인이 되고 싶다면
매월 임대료를 받는 좋은 상가를 구매할 마음이 있다면
작은 상가라도 구매하는 것이 장사하는 사람의 꿈인
자기 건물을 만들어 가는 지름길입니다.

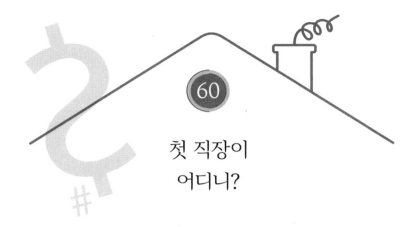

60

첫 직장이
어디니?

1991년, 서소문에 있는 유원건설에 입사하였습니다.

직장인의 평균 재산이 차이가 나는 사건이 발생하였습니다.

직장이 어디냐에 따라 사람들은 일산신도시와 분당신도시 아파트

청약을 선택하였습니다.

강북에 있는 사람들은

주로 일산신도시 아파트에 청약하였습니다.

일산신도시 아파트에 당첨된 사람들은

상당한 시세차익이 발생하였습니다.

강남에 직장을 둔 사람들은

분당신도시 아파트에 청약을 많이 하였습니다.

강남 접근성이 좋은 분당신도시 아파트가

일산신도시 아파트보다 훨씬 많이 올랐습니다.

이 사건은 직장의 위치가 부의 지도를 가른 사건이었습니다.

시간이 지나면서 깨달은 것 중 하나가

출근과 퇴근이 편하다고 직장이 가까운 곳에

집과 부동산을 선택하는 것은 후회할 수도 있다는 사실입니다.

돈은 위에서 아래로 흐르듯이

집과 부동산의 투자는 거리가 조금 멀더라도 편리함 대신

조금 불편해도 많이 오르는 지역, 사람이 선호하는 지역,

즉 수익률에 의한 투자를 해야 한다는 것입니다.

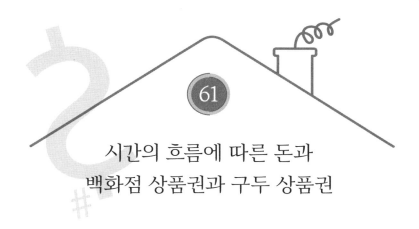

시간의 흐름에 따른 돈과
백화점 상품권과 구두 상품권

돈과 상품권 누구나 다 좋아합니다.

싫어하는 사람이 없습니다.

사람은 사용처가 편하고 이자를 받는 돈을 더 좋아합니다.

돈은 이자가 발생합니다만 상품권은 이자가 발생하지 않습니다.

상품권을 10년, 100년 집에 보관하여도

한 10원의 이자가 발생하지 않습니다.

또 현금화하려면 할인(일명 와리깡)을 해야 합니다.

그런 면에서 돈은 상품권과 비슷한 성격이 있습니다.

돈을 은행에 맡기면 이자를 주지만 물가상승률을 반영하면

백화점 상품권처럼 이자가 없는 것과 같습니다.

시간이 조금 더 흐르면 돈의 가치는 더 하락하여

백화점 상품권에서 구두 상품권으로 가치가 더 하락합니다.

눈앞의 이자 받기를 좋아하는 사람은 집안에 백화점 상품권과
구두 상품권을 보관하면서 재산이 늘어나기를 꿈꾸는 사람과
같은 사람입니다.

돈과 상품권은 종이에 찍어내는 신용자산입니다.

실체인 국가와 백화점 그리고 구두회사의 신용도에 따라
가치가 늘 변하는 그림자 자산입니다.

또 실물자산이 아니라서 돈과 백화점 상품권과 구두 상품권은
시간의 흐름, 즉 인플레이션에 그대로 노출되기에
우리는 진짜 재산에 투자해야 합니다.

62

곶감 빼먹다
죽는다

곶감은 참으로 맛있는 음식입니다.

고향인 산청군 일대에는 곶감이 유명하여 얼마나 맛이 있는지 임금님 진
상품이기도 합니다. 지리산의 일교차가 주는 선물이 맛있는 곶감입니다.

그런 달콤한 곶감에 취해 굶어 죽을 수도 있습니다.

달콤한 곶감을 빼먹다 보면 어느새 맛있는 곶감을 다 먹게 됩니다.

사실 곶감 빼먹다가 굶어 죽은 사람은 없습니다만 비유적으로 이
야기한 것입니다. 달콤한 곶감에 비유한 것은 돈입니다.

바로 은행에 돈을 맡겨 놓고 이제 노후 준비 끝이라고

믿는 사람에게는 사실상 굶어 죽는 상황이 도래하였습니다.

1991년 첫 직장인 서소문에 있는 유원건설에 다닐 때

은행이자가 연 10%이었습니다.

은행에 3억만 예치하면 월 250만 원 정도를 이자로 받았습니다.

월 250만 원이면 정말 풍족하게 살 수 있는 돈이었습니다.

그 당시 신입 직원 급여가 100만 원 조금 넘었습니다.

월 250만 원은 신입직원의 2달 월급이었으니 정말 달콤한 곶감이 맞습니다. 시간이 30년 흐르고 뒤돌아보니까 3억을 은행에 맡기면 월 이자는 60~80만 원으로 4분의 1토막이 되었고 물가가 오른 것까지 반영하면 10분의 1토막 이상이 되었습니다.

또 원금 3억의 가치 역시 엄청나게 폭락하였습니다.

그때 3억으로 집을 샀다면 서울 서민 집 3채는 구매 가능한 돈이었습니다. 지금 부동산 가격으로 평가하면 30~50억 되는 돈입니다. 어디에 투자하였느냐에 따라 가치는 달라지지만 적어도 30억 이상은 되는 돈이었습니다.

이자가 주는 달콤한 곶감에 취해 망한 사람은 은행이 주는 이자가 가장 안전하다고 믿었는데 완전히 배신당한 기분일 것입니다.

저는 오류가 약간 있습니다만 자본주의를 한 줄로 요약하면 "자본주의 본질은 인플레이션이다."라고 말합니다.

가장 수혜를 본 사람은 부동산을 산 사람이고, 가장 피해를 본 사람은 돈이 최고라고 하여 저축만 하고, 은행이자만 바라본 사람입니다. 이 차이를 시간이 주는 교훈으로 풀어 보았습니다. 지금도 은행 금리가 올라 좋아하면서, 이자 받는 것에 취한 사람에게 주는 교훈이 곶감(이자) 빼먹다가 굶어 죽을 수도 있다는 사실입니다.

꾸준함의
무서움

꾸준함이 힘입니다.

세상에서 가장 힘든 것 중 하나가 살을 빼는 것입니다.

열심히 운동하고 식단 관리를 잘하다가

한 번의 과식이나 음주로 무너지는 것이 다이어트입니다.

저는 담배를 피우지를 않습니다만

담배 피우는 사람은

금연하는 것이 세상에서 가장 어렵다고 합니다.

몇 주를 참다가 혹은 몇 달을 참다가

흡연 한방에 무너지는 것이 금연입니다.

어떤 사람은 몇 년을 금연하다가

과도한 스트레스로 한 번의 흡연으로 금연이 무너지기도 합니다.

그래서 저는 다이어트에 성공하거나

금연에 성공한 사람을 보면 자기 관리를 잘하는 점에서의 존경과
독한 마음으로 성공한 것에 대한 약간의 거리감을 가지고 있습니다.

공부도 벼락치기 공부를 하여
어느 정도 잘할 수는 있어도 1등은 할 수가 없습니다.

운동선수도 벼락치기 운동으로 올림픽 금메달을 딸 수가 없습니다.

공부 1등의 힘은 머리만 좋다고 되는 것이 아니며
올림픽 금메달의 힘은 운동신경과 체력에 있는 것이 아닙니다.

그것은 기본으로 중요하고, 그것보다 더 중요한 것은
꾸준한 공부와 꾸준한 훈련입니다.

그래서 운동 잘하는 국가대표 선수도
오늘도 진천 국가대표 선수촌에서 훈련하고 있는 것입니다.

국가대표 선수도 사람인데 왜 쉬고 싶은 마음이 없겠습니까?

쉬고 싶은 마음을 이기니까
비로소 올림픽 금메달로 보상받는 것이 아닙니까?

그래서 꾸준함이 무서운 것입니다.

투자에 있어 부동산이 무서운 이유가 꾸준함에 있습니다.

한양은 서울로 변모하는 과정에서
부동산은 600년간 가격이 올랐습니다.

그 이전 개경은 고려 500년간 부동산 가격이 올랐습니다.

개경 이전에 경주는 신라 1,000년간 부동산 가격이 올랐습니다.

부동산의 가격 상승이 무서운 이유가

꾸역꾸역 꾸준히 오르는 데에 있습니다.

변동성이 심한 주식 시장에서는 도저히 있을 수가 없는 일입니다.

그래서 좋은 부동산을 산다는 것은

사람의 운명을 바꾸는 일입니다.

그것은 한양으로 터를 잡은 사람들이 600년 전에

이미 증명하였습니다.

현대에는 일찍 고향 논과 밭을 팔고

서울로 이사 와서 터를 잡은 사람이 증명하였습니다.

지금도 가격이 꾸역꾸역 꾸준히 오르면서

사람의 운명을 바꿀 부동산은 여전히 많습니다.

그 운은 노력하는 사람의 몫입니다.

투자수익으로 꾸준히 수익 낼 아이템으로는

부동산을 이길 종목이 없습니다.

운명을 바꾸는 투자 그 선택은 본인이 합니다.

부동산이 주는 혜택은 본인은 물론이고 자자손손 누리는 것입니다.

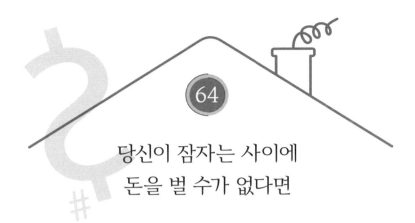

64
당신이 잠자는 사이에
돈을 벌 수가 없다면

당신이 잠자는 사이에 돈을 벌 수가 없다면.

많이 들어본 이야기일 것입니다.

특히 네트워크 하는 사람의 진리와 같은 말입니다.

그러나 사실 맞는 말입니다.

당신이 잠든 사이에 돈을 벌 수 없다면

당신은 낮에 돈을 엄청나게 벌어야 합니다.

그렇지 않으면 절대로 부자가 될 수가 없습니다.

이 좋은 말을 네트워크(일명 네떡) 하는 사람이

독점하는 것이 문제입니다.

당신이 잠든 사이에 돈을 버는 것은

네트워크만 있는 것이 아닙니다.

가수의 저작권도 있고, 저자의 인세도 있습니다.

다른 것도 많이 있습니다.

그것보다 더 오랜 시간 동안 부자가 점유한 월세도 있습니다.

당신이 잠든 사이에 돈을 버는 길

어려운 네트워크 대신에 쉬운 부동산 월세로 만들면 어떨까요?

소액투자로 시작하는 부자 되는 방법

당신이 잠든 사이에 돈을 버는 기술 찾아보면 많이 있습니다.

가장 전통적으로 오래되고 검증된 것이 부동산 월세입니다.

65

살다 보니!

살다 보니!

많은 경험을 하게 됩니다.

기억에 남는 잘한 성공 경험과 후회가 되는 실패 경험이

오늘의 나를 만들었고 또 나의 선생님이기도 합니다.

살다 보니!

눈으로 보고, 귀로 듣는 모든 것이

이제는 때때로 제대로 보이고 또 들리기도 합니다.

주식 투자 하지 말라는 이야기를 많이 들었을 것입니다.

저 역시 들었습니다.

사실은 이 말이 정확한 것이지요?

주식 투자를 하지 마라.

그래도 주식 투자를 해야 한다면 배워서 실력을 갖춘 연후에 하라.

살다 보니!

주식 투자는 위험한 투자인 것을 압니다.

왜냐하면, 주식 투자로 돈을 잃은 경험이 있으니까요?

한번 돈을 잃어 봤으면 다시는 주식 투자하지 말아야 하는데

도박처럼 또 주식 투자하니까요?

살다 보니!

부동산 투자는 안전하다는 것을 압니다.

왜냐하면, 수익을 내는 종목이 부동산이니까요?

그래서 대출을 이용해서 집을 사고 건물을 사보니

수익을 우리에게 돌려주니까요?

살다 보니!

이것은 젊은이가 갖지 못한 무기입니다.

이것을 자녀에게, 후배에게 잘 물려준다면

물고기를 잡는 기술과 지혜를 물려주는 것이 아닐까요?

저자는 투자 경험을 소중하게 여깁니다.

투자 경험은 성공 확률을 높이고, 실패 확률은 낮추는

투자의 내비게이션이기 때문입니다.

66

땅의 역사
부동산의 역사

땅의 역사는 전쟁의 역사를 불러왔습니다.

구석기시대에는 내 땅이라는 소유개념은 없었지만,

사냥하면서 영역이 겹치는 경우가 있었을 것입니다.

영역의 겹침은 먹을거리의 부족으로 나타나고

이는 공동체간의 갈등을 불러일으켰을 것입니다.

최초의 갈등은 먹을거리로 시작되었고

먹을거리를 생산하는 영역을 지키고자

혹은 부족한 식량을 쟁취하고자

최초의 싸움이 발생한 것으로 생각됩니다.

이 싸움이 반복되면서 인류는 전쟁의 역사가 시작된 것으로 보입니다.

먹거리를 생산하는 영역 싸움은 땅 싸움이고 이는 전쟁의 역사입니다.

인류에게 전쟁이 없다면 평화롭게 사는 천국이 따로 없겠죠?

과거의 모든 전쟁은 결국 땅 싸움 전쟁입니다.

그 배경에는 먹고 사는 문제에서 시작하여

나중에는 정치적 계산으로 전쟁은 계속되고 있습니다.

유럽은 추악한 식민지 확보 전쟁으로 땅을 쟁탈하였고,

또 미국은 인디언 학살로 노획한 땅을

서부 개척이라는 이름으로 미화하였습니다.

그것도 부족하여 선조들의 범죄 행위를 서부 개척 영화로

지금도 역사를 왜곡하고 있습니다.

과거처럼 땅을 평면적으로 사용하는 것에서 시작하여

지금은 땅의 밀도를 높여 입체적으로 개발하고 사용하기 때문에

땅의 역사는 건물을 포함한 부동산의 역사로 진일보하였습니다.

땅의 역사는 적게는 개인의 생존과 부와 계급의 역사이며

크게는 국가의 운명을 가르는 역사입니다.

지금도 부동산은 개인의 부를 가르는 기준이 됩니다.

이렇게 소중한 부동산 너무 늦게 눈을 뜨면

부의 전쟁에서 소외되는 것이 현실입니다.

부는 부동산에서 시작되고 완성됩니다.

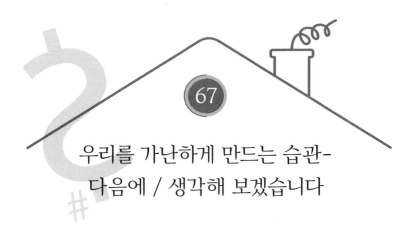

67

우리를 가난하게 만드는 습관-
다음에 / 생각해 보겠습니다

우리를 가난하게 만드는 습관 중 하나가

– 다음에 / 생각해 보겠습니다.

신중한 것이 좋은 것 아닌가요?

이렇게 반문할 수도 있습니다.

물론 신중할 때에는 신중해야 하지요.

하지만 습관적으로 다음에 하겠습니다.

또는 생각해 보겠습니다.

이것은 우리에게서 많은 기회를 빼앗아 갑니다.

이러한 습관은 결정력을 개발하는데 치명적인 방해가

되기 때문입니다.

지금 우리가 사는 사회에서는 빨리 결정력 필요로 하는

사항이 많습니다.

왜냐하면, 우리가 복잡한 세상에 살기 때문에 그때그때 매듭을 짓는 습관을 키우지 않고 '다음에', '생각해 보겠습니다.'라는 것은 의사결정 장애자 또는 무능력자로 인식되기 쉽습니다.

이러한 미루는 습관은 정말 좋은 기회가 온다면

기회 자체를 잡지 못할 확률이 높습니다.

그래서 사람은 그때그때 의사결정을 하는 습관을

평소에 키우지 않는다면 정작 중요하게 생각할 상황이 올 때

과거의 매듭짓지 습관이

신중하게 결정하는 것에 대한 불안감을 불러오기 때문입니다.

사소하게 밥을 먹는 것부터 눈치 보면서 따라가지 말고

주도적으로 결정해보세요.

이러한 것들이 모여서 결정능력을 키웁니다.

결정능력은 운명을 바꿀 수도 있습니다.

68

거꾸로 하는
투자법

호재는 악재를 내포하고 악재는 호재를 내포한다.

거꾸로 하는 투자법을 아시나요?

많은 사람은 호재일 때 투자를 합니다.

악재가 난무할 때 투자를 하지 않습니다.

상식적으로 맞는 투자법이기도 합니다.

상식에 맞는 투자가 때때로 우리의 뒤통수를 세게 칩니다.

불과 몇 년 전 제로 금리에 가까운 최고의 호시절에

투자한 부동산이 우리의 발목을 잡고 있습니다.

특히 젊은 영끌족에게 치명적인 타격을 주고 있습니다.

상식에 맞는 투자는 대응을 잘해야 탈이 없습니다.

왜냐하면, 호재에는 악재를 내포하고 있기 때문입니다.

제로 금리에 가까운 최고의 호재는

금리 인상이라는 최악의 악재를 내포하고 있기 때문입니다.

그래서 때때로 투자의 성공비결의 하나가

거꾸로 하는 투자법입니다.

호재는 악재를 내포하고 있고

최고의 호재는 최악의 악재를 내포하고 있습니다.

반대로 악재는 호재를 내포하고 있고

최고의 악재는 최고의 호재를 내포하고 있는 것입니다.

그래서 늘 불경기에는 정부의 경기 부양책이 있습니다.

경기 호황기에는 규제책이 있습니다.

그래서 부동산 정책이 온탕과 냉탕을 왔다 갔다 하는 것은

지극히 정상적인 것입니다.

지금은 아파트 미분양이 많습니다.

그래서 금융회사는 PF대출을 하지 않습니다.

또 건설회사는 예전처럼 분양하지 않습니다.

지금 이때가 옥석 가리기를 잘하여 분양을 받으면 공급이 부족한
2026년 이후에 큰 수익을 낼 상품이 많습니다.

100세 장수 시대에
맞는 투자법

100세 장수 시대에 맞는 투자법은 무엇이 있을까요?

돈이 많은 사람은 장수 시대에도 큰 걱정이 없을 것입니다.

장수 시대, 특히 도시민에게는 숨만 쉬어도 돈이 듭니다.

먹고 마시는 것은 기본이고 장수는 기본적으로

많은 병원비를 요구합니다.

건강해도 나이가 어느 정도 이상이면 은퇴를 강요합니다.

은퇴가 없는 장사를 하는 사람도 체력이 은퇴를 강요합니다.

장수 시대에 가장 좋은 투자가 두 가지가 있습니다.

국민연금과 개인연금입니다.

국민연금은 고갈이 예상되어 있어 제대로 받을 수 있을까,

상당히 불안합니다.

개인연금은 고갈 걱정은 없습니다만 물가인상을 따라가지 못하여

사실상 연금 감소입니다.

그나마 국민연금과 개인연금은 자녀에게 이어지지 못합니다.

물론 자녀에게 이어지는 상속연금도 있지만, 그렇게 수령을 하면
매월 받는 연금액 감소를 감내해야 합니다.

그러면 국민연금처럼 고갈되지 않는 연금이 없을까요?

개인연금과 다르게 물가상승에 연동하여 오르는 연금이 없을까요?

내가 연금을 받고 사후에 국민연금과 개인연금과 다르게
자녀에게 물려주는 연금이 없을까요?

이런 꿈같은 연금이 있습니다.

그것은 바로 부동산 월세라는 연금입니다.

부동산 월세연금은 고갈이 없습니다.

부동산 월세연금은 물가상승률에 연동하여 매년 오릅니다.

부동산 월세연금은 자자손손 상속됩니다.

내가 받아도 좋은 부동산 월세연금

자녀에게 물려 주도 좋은 부동산 월세연금

100세 장수 시대에 맞는 최고의 투자상품이라고 생각합니다.

지금도 늦지 않습니다.

왜냐하면, 오늘이 내 인생에서 가장 젊은 날이기 때문입니다.

투자의 성공 비결 1-
그림자처럼 움직여라

그림자는 실체가 있어야 하고 빛이 있어야 생겨납니다.

실체가 없이 빛만 있어도 그림자는 생겨나지 않습니다.

반대로 실체는 있고 빛이 없으면 그림자는 생겨나지 않습니다.

그림자가 생기긴 위해서는 반드시 실체와 빛이 동시에 있어야

그림자가 생겨납니다.

그림자는 실체 없이 혼자 생겨나거나 혼자 움직이지는 못합니다.

투자의 세계에서도 마찬가지입니다.

서민은 투자 실체가 아니고 투자 그림자입니다.

즉 우리는 투자 실체를 만들어 가는 투자 주체인 국가, 지자체,

재벌, 기업 등이 움직일 때 따라 움직이는 투자 그림자입니다.

그림자가 실체를 움직일 수는 없습니다.

그림자가 실체를 움직이게 만드는 것은 오만입니다.

그냥 실체가 움직일 때 따라 움직이는 그림자는
실체가 투자할 때 따라 투자하는 그림자 투자만이
우리의 재산을 지킬 수가 있습니다.
그림자 투자의 대표적 사례는 다음과 같습니다.
국가가 투자하는 역세권 부근에 투자
삼성전자가 투자하는 곳 부근에 투자
기업이 계속 꾸역꾸역 몰려오는 곳에 투자
인구가 계속 증가하고 있는 곳에 투자
외국인이 투자하는 곳에 투자 등
이런 공통분모가 많은 곳에 투자하시면 됩니다.
공통분모가 많을수록 수익이 커집니다.

투자를 할 때 우리는 투자의 실체가 아니라
투자의 그림자입니다.
이것을 잊지 않고 투자의 실체가 투자하는 곳에 따라 투자하면
투자 실패는 없고, 투자 성공이 있을 것입니다.

71

투자의 성공 비결 2-
바늘 가는 데 실이 간다

우리 조상은 당연한 이야기를 왜 속담으로 만들었을까?

살아보니까 당연한 것을 당연하게 받아들이고 실천하면

탈도 없고 좋은 일만 생기는데, 꼭 그렇게 살지 못하는 것이 인생입니다.

특히 젊거나 자신감이 넘칠 때 실가는 데 바늘 가는 것을

성공해 보이겠다고 많은 무리수를 둡니다.

살아보니 이처럼 지혜로운 속담을 가진 우리 민족은

위대하다는 생각이 듭니다.

이와 유사한 속담이 콩 심은 데 콩 나고, 팥 심은 데 팥 난다.

너무나 당연하고 자연스러운 이치입니다.

그런데 많은 실패한 사람은 콩을 심고 팥을 수확하기를 기다리고

팥을 심고 콩을 수확하는 꿈을 꾸며 사는 것 또한 사실입니다.

대표적인 곳이 주식 투자의 세계입니다.

투자는 자기 책임이기 때문에 공부가 필수적입니다.

그럼에도 주식 투자하는 많은 사람은 먼저 투자하고

돈을 잃어가면서 공부를 합니다.

주식 투자는 공부하고 실력이 있어도 위험한 세계입니다.

가진 돈을 다 날려보면 그것을 몸으로 깨닫습니다.

주식 투자는 너무나 많은 변수가 존재하기 때문에

보통 실력으로 수익을 내기가 쉽지 않습니다.

그것은 우리 주변에서 돈을 잃어 본

많은 사람의 통계에서 바로 나옵니다.

바늘 가는 데 실이 갑니다. 실이 가는 데 바늘이 가지 않습니다.

실은 혼자 스스로 움직이지 못합니다.

투자의 세계에서 누가 바늘인지를 파악하는 것이 매우 중요합니다.

서민은 다 실이기 때문입니다.

그런 면에서 부동산은 정말 투자하기에 편리하고 안전합니다.

부동산에서 바늘은 사람이 늘어나는 곳(인구가 증가하는 곳)

기업이 계속 들어오는 곳 이런 곳이 바로 바늘입니다.

인구가 늘어나고 기업이 몰려오면 지하철을 비롯한 대중교통이,

대형마트가, 병원이 따라오고 마지막에는 돈이 따라옵니다.

이제 돈이 보입니까?

인구가 늘어나는 곳, 기업이 몰려오는 곳만 찾으면 되겠네요.

투자! 바늘 가는 데 실이 간다. 이것만 기억하면 실패는 없습니다.

72

투자의 성공 비결 3-
숟가락 하나

숟가락 하나 하면 황정민 배우가 연상됩니다.

남우주연상을 받은 수상소감에서 이야기한 숟가락 하나

"감독과 스텝 그리고 수많은 배우가 차려 놓은 밥상에

숟가락 하나 들고 맛있게 먹기만 했다."라는 겸손한 표현은

많은 사람의 기억 속에 살아 움직이게 하였습니다.

투자의 성공비결을 가장 정확하고 간결하게 이야기한 것입니다.

투자의 세계에서 밥상을 차리는 주체는 국가입니다.

지방자치단체입니다. 기업입니다. 외국인입니다. 기관입니다.

그리고 큰손입니다.

절대로 개인은 밥상을 차리는 주체가 될 수가 없습니다.

부동산을 예로 들면 건설회사와 개인은 지하철을 건설하지 못합니다.

지하철은 국가와 지방자치단체의 합작품입니다.

돈이 많고 힘이 센 건설회사도 신설되는 지하철역 부근에
아파트를 쏟아냅니다.

힘이 센 건설회사도 숟가락을 하나 얻는다면

개인도 당연히 따라 하면서 숟가락 하나 올려

맛있게 먹기만 하면 됩니다.

큰 기업이 온다면, 큰 병원이 온다면, 지하철이 생긴다면,

학교가 온다면, 기타 수많은 밥상이 차려진다면 맛있게 먹는 것이

개인투자자의 역할입니다.

개인이 밥상을 차리는 것은 오만이고

주제를 파악 못 하는 것입니다.

주식 투자에도 마찬가지입니다.

개인은 주식 투자를 하면서 주가를 움직이지 못합니다.

주가를 움직이는 주체는 외국입니다. 기관입니다.

그리고 큰손입니다.

그들이 주가를 만들어 갈 때 개인투자자는

숟가락 하나 들고

맛있게 먹기만 하면 됩니다.

개인투자자가 주가를 만들어 간다는 것은

이것은 착각이고 오만입니다.

개인투자자는 언제 밥상이 다 차려지는지 그것만 잘 보면

투자의 실패가 없습니다.

언제 밥상이 다 차려지는가를 알아보는 방법은

부동산에 있어서 정부가 발표하고 나서 시작해도 늦지 않습니다.

발표 후 시간이 지나고 착공까지 한 연후에

조금 비싼 가격에 사도 늦지 않습니다.

왜냐하면, 부동산의 상승주기는

장기간에 걸쳐 오르기 때문입니다.

서울 부동산은 600년간 올랐습니다.

100년 뒤에 투자해도 500년간 올랐습니다.

그래서 조급할 필요는 전혀 없습니다.

주식의 밥상은 언제 차려질지 당사자가 아니면

모를 수가 있습니다.

그러나 차트를 자세히 살펴보면

밥상이 차려지는 것을 알 수가 있습니다.

왜냐하면, 차트는 사람의 심리가 반영된 확률이기 때문입니다.

차트에 거래량까지 폭증하였다면 밥상이 다 준비된 것입니다.

그때부터 숟가락 하나 들고 맛있게 먹기만 하면 됩니다.

그렇게 보면 투자 어렵지 않고 참 쉽습니다.

투자의 성공 비결 4-
물처럼

투자의 성공비결을 물처럼 움직이는 모습에서 발견하였습니다.
어떤 면에서 물처럼 움직이면 투자의 세계에서 성공할까요?

1. 물은 늘 낮은 곳을 찾아 움직입니다.
돈은 늘 수익률을 찾아 움직입니다.

2. 물은 장애물이 가로막으면 기다리면서 물을 모아 모아
장애물을 무너뜨릴 힘을 비축합니다.
돈은 투자처가 마땅하지 않으면 기다리면서
더 큰 다음 기회를 노립니다.

3. 물은 모이면 모일수록 큰 힘을 발휘하여
때때로 바위처럼 무거운 것들도 움직입니다.
돈은 모이면 모일수록 더 큰 힘을 발휘하며
투자의 성공 확률을 높여줍니다.

4. 물의 흐름은 낮은 곳을 찾아 자연스럽게 움직입니다.
돈의 흐름도 수익률을 찾아 자연스럽게 움직입니다.
예를 들면
기업이 몰려오고 사람이 몰려오는 곳에는
돈이 물처럼 자연스럽게 흐르는 곳입니다.
물처럼 자연스럽게 투자를 하면 투자의 실패는 줄이고,
성공 투자를 할 수가 있습니다.
그렇게 보면 투자는 어려운 것이 아닙니다.

괜히 주식 투자로 돈 잃고, 스트레스로 건강 잃는
어려운 주식 투자 대신에 쉬운 부동산 투자가 어떻습니까?

74

투자의 성공 비결 5-
발자국 투자법

성공의 투자 비결로 발자국 투자법이 있습니다.

눈길에는 앞서가는 사람이 남긴 발자국이 있습니다.

투자에 성공한 사람도 남긴 성공 투자의 발자국이 있습니다.

그것을 따라 하면 뒤따라 가는 사람도

투자에 성공할 수가 있습니다.

롯데그룹 창업자인 신격호 회장의 부동산 투자가

오늘의 롯데그룹을 만든 힘이었습니다.

정부가 소양강댐 건설을 발표할 때에

현대그룹 창업자 정주영 회장은

"서울에 더 이상 상습적인 침수지는 없다." 하여

압구정동과 풍납동에 대규모 토지를 구매한 것은

현대그룹의 성장 하는 데 큰 힘이 되었습니다.

그 땅이 바로 압구정 현대아파트였고

풍납동 아산병원이었습니다.

석탄회사는 연탄 적자 보조금을 받고 운영하였습니다.

그런 연탄회사도 연탄 야적장이 어느 순간 빌딩 숲으로 바뀌면서

그룹으로 성장한 회사도 있습니다.

돈을 빌려 부동산 투자로 수익을 낸 부자도 많습니다.

그래서 부모님 세대와 우리 세대에는

대출을 활용한 부동산 투자로

많은 사람이 부자가 되었습니다.

이 모든 것은 서민에게 부자로 가는 발자국입니다.

발자국이 없어지기 전에 부자의 성공 비결을 따라 하여

우리도 부자가 되기를 축복합니다.

75

투자의 성공 비결 6-
시간을 활용한 투자법

우리는 흐르는 시간에 대한 비용을 지급합니다.

시간을 사용하는 비용은 여러 형태로 나타납니다.

돈을 빌리는 사람은 이자를 지급하고

돈을 빌려준 사람은 이자를 받습니다.

장소를 빌려준 사람은 임대료를 받고

장소를 빌린 사람은 임대료를 지급합니다.

모두 시간을 기초로 하여 발생한 부가가치입니다.

똑같은 시간인데 시간을

내 편으로 만드는 사람이 많이 있습니다.

많은 사람은 아파트를 구매하여 부를 만들어 왔습니다.

아파트 가격의 상승은 시간이 만들어 준 선물입니다.

그 선물을 받기 위하여 많은 사람은 대출을 활용하였습니다.

비단 아파트뿐만이 아닙니다.

아파트를 비롯한 대부분 부동산을 구매한

많은 사람의 재산은 점점 늘어만 갔습니다.

부동산을 구매한 사람이 재산을 불려온 이유는

시간을 내 편으로 만들었기 때문입니다.

그와 반대로 돈을 빌려준 사람은 반대 급부로 이자를 받습니다.

시간이 지나면서 금리가 연 10%대에서 2%로 떨어지면서

이자소득은 폭락하였습니다.

이자소득이 폭락하면서 원금의 가치 역시 폭락하였습니다.

이런 사람은 시간을 내 편으로 만들지 못한 것입니다.

그래서 시간이 흐를수록 나의 재산은 점점 줄어만 갔습니다.

투자자는 늘 시간을 내 편으로 만들 줄 알아야 합니다.

이것이 시간이 주는 교훈입니다.

76

아파트 투자의 성공 비결-
사다리차가 많이 보이거든

아파트 투자 시기를 보통 사람은 잘 알지를 못합니다.

무엇인가 신호가 있다면 아파트 투자가 쉽겠지요?

저자가 발굴한 아파트 투자의 신호가 바로

사다리차가 많이 보이거든 투자해도 큰 실패는 없습니다.

경기침체기나 부동산 침체기에는 이사를 많이 하지 않습니다.

그래서 사다리차가 잘 안 보이고

또 보인다 하더라도 적게 보입니다.

평소에는 잘 안 보이는 사다리차가 갑자기 많이 보이기 시작하면

부동산의 바닥은 찍고 상승할 가능성이 농후합니다.

이때 아파트 투자하면 실패는 없겠지요?

사다리차가 많이 움직인다는 것은 아파트 거래가 빈번하다는 것이고

이는 돈이 많이 움직인다는 것과 같은 말이기 때문입니다.

이는 주식 시장에서도 마찬가지입니다.

갑자기 거래량이 폭증하고 빨간 불을 켜고 상승한 주식은

앞으로도 오를 가능성이 농후한 것과 같은 이치입니다.

2023년 아파트 가격이 폭락하였습니다.

급매물이 많이 소화되었습니다.

아파트 가격이 언제 상승할까는 다들 궁금해하고

또 최적의 투자 시기를 찾으려고 노력합니다.

저자는 사다리차가 많이 보이거든

아파트 투자해도 된다고 이야기합니다.

눈에 보이는 사다리차가 아파트 거래의 신호이기 때문입니다.

저자는 생활 속에서 투자의 신호를 발굴하고자 합니다.

왜냐하면, 투자자는 늘 행복하여야 하기 때문입니다.

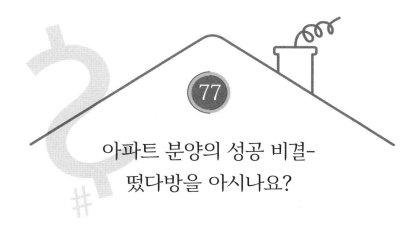

77

아파트 분양의 성공 비결-
떴다방을 아시나요?

떴다방을 아시나요?

떴다방은 아파트 분양하는 현장에서 종종 볼 수가 있습니다.

분양하는 업체에서는 떴다방의 출현을 은근히 반깁니다.

떴다방이 뜬 분양 현장은 미분양이 거의 없습니다.

떴다방은 아파트 분양의 성공을 보장하는 인간 지표입니다.

아파트 분양받을 때 분양을 받을까 말까 고민이 된다면.

이 아파트도 마음에 들고, 저 아파트도 마음에 들 때

어느 아파트를 분양받을까? 고민이 된다면.

동물적 감각을 보유한 부동산의 인간 지표 떴다방의 유무로

판단하면 틀림이 없습니다.

그렇게 보면 아파트 분양도 그렇게 어려운 것이 아닙니다.

그러나 부동산 인간지표인 떴다방의 의미를 모른다면

아파트 분양 정말 어려울 수도 있고 때론 아파트 분양에
실패할 수도 있습니다.
그런 면에서 보면 요즘 아파트 분양 현장에서
떴다방 보기가 힘이 드네요.
다른 말로 표현한다면 아파트를 분양받아
수익 내기가 쉽지가 않다는 이야기입니다.

아파트 분양 시장의 인간 지표인
떴다방을 통해 본 아파트 분양의 성공 비결이었습니다.

저자는 생활 속에서 투자의 성공 비결을 발굴하고자 노력합니다.
그래서 저자의 투자비결은 이해하기가 쉽습니다.
한 번 보면 잊지 못합니다.
시중에서 종종 보이는 짜깁기 책이 아니기 때문입니다.

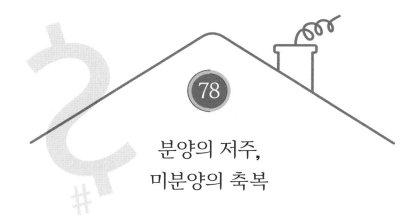

78

분양의 저주,
미분양의 축복

미분양은 저주, 분양은 축복 아닌가요?

상식적으로는 맞는 이야기입니다.

건설 회사의 입장에서는 분양은 축복, 미분양은 저주가 맞습니다.

분양만 잘되면 적게는 수십억에서 많게는 수백억 이상의 수익을

낼 수가 있습니다.

반대로 미분양이 발생하면 건설 회사는 수익이 적어지거나 적자

가 발생할 것입니다.

또 미분양이 심하면 건설 회사는 부도가 날 수도 있습니다.

그런데 왜 제목이 분양의 저주, 미분양의 축복이라고 표현하였을

까요? 이는 내 집 마련을 간절히 원하는 소비자의 입장입니다.

분양이 완판되면 내 집 마련을 꿈꾸는 사람의 희망은 사라집니다.

그래서 분양의 저주라고 표현하였습니다.

그러면 미분양의 축복은 무엇인가요?

정말 비싼 타워팰리스도 미분양 물건이 있었습니다.

몇 년 전 미분양의 대명사인 동탄 아파트도 있었습니다.

지금의 타워팰리스는 누구나 살고 싶을 정도로 엄청나게 올랐습니다. 미분양의 무덤이라는 동탄 아파트도 많이 올랐습니다.

내 집 마련을 꿈꾸는 사람에게 미분양은 축복의 현장입니다.

계약금 최소화, 중도금 무이자 대출, 대출 한도 증가 등 각종 혜택이 따라오기 때문입니다.

그래서 내 집 마련을 꿈꾸는 사람에게 미분양은 축복입니다.

반대로 건설회사 입장에서는 저주입니다. 사실 미분양은 없습니다.

정확한 표현으로는 늦은 분양 혹은 매우 늦은 분양입니다.

미분양이라면 분양을 시작한 지 수년이 지나고도 아직도 미분양이라면 맞는 표현입니다.

사실 미분양이라고 부르는 많은 아파트가 투자자에게 부를 가져온 사례는 너무 많습니다. 미분양 잘 보면 돈이 됩니다.

그래서 내 집 마련을 꿈꾸는 사람에게 미분양은 축복이고 분양은 저주입니다.

물론 모든 미분양이 축복이라는 이야기는 아닙니다.

미분양 잘 보면 보물이 숨어 있습니다.

지식산업센터
투자의 좋은 점!

1. 소액으로도 투자할 수 있습니다

지식산업센터는 소액투자로 분양받을 수가 있습니다. 통상 중도금
은 무이자대출이 많습니다. 먼저 분양을 받을 때는 대개 분양금액의
10%를 계약하며, 중도금은 무이자대출이 많음으로 준공할 때까지
2~3년 동안 추가 자금이 들어가지 않습니다. 그리고 등기할 때에 담
보대출을 받으면 분양가의 70%~90%까지 대출을 받을 수 있습니다.
예를 들면 분양가 2억 원의 지식산업센터를 분양받을 경우 계약
금 2,000만 원으로 투자가 가능합니다. 나중에 들어가는 비용은
임대보증금과 환급되는 부가가치세로 이용할 수 있습니다.

2. 주택과 달리 대출 규제가 없습니다

그동안의 거듭된 정부의 부동산 정책으로

이제는 실수요자가 아니면 아파트 대출은 규제의 대상입니다. 투기과열지구, 조정지역, DTI, LVT 부채상환 비율 등 보기만 하여도 머리가 아픈 이런 단어들과 상관이 없습니다.

3. 분양권의 전매가 가능합니다

투기 지역, 조정 지역의 아파트, 오피스텔과 달리 분양권 전매가 가능하므로 빠른 시세차익을 누릴 수 있습니다.

4. 임대 관리가 쉽습니다

다가구주택이나 오피스텔과 달리 한번 임차인 사업자가 입주하면 좀처럼 나가지 않습니다. 법인의 이전은 등기부 등본 변경, 명함 변경, 봉투 변경 등 부대비용이 생각보다 많이 소요됩니다. 그래서 주택과 달리 빈번한 교체로 인한 도배비용, 부동산 비용 등이 절감됩니다. 또 주거공간처럼 고장으로 인한 수리와 교체 등 잡무의 시달림과 비용 발생이 거의 없습니다.

5. 세금감면 혜택이 있고 부가세를 환급받을 수 있습니다

지식산업센터를 최초 분양받아 직접 사용하는 경우, 취득세 50%, 재산세 37.5%를 감면받을 수 있습니다. 단, 최초 분양받은 사람이 아니거나 임대사업을 하는 경우는 감면 혜택이 없으니 착오 없기를 바랍니다. 또 정부정책은 변할 수도 있으니 투자 시점에 다시 확인 바랍니다.

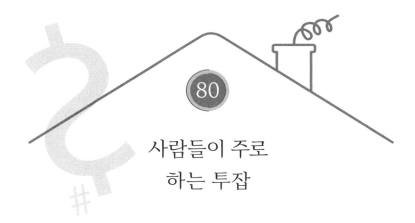

사람들이 주로
하는 투잡

대한민국의 성인 대부분은 투잡을 하고 있습니다.

대표적으로 하는 투잡이 하나는 주식 투자이고

다른 하나는 부동산 투자입니다.

이 투잡을 안 하는 사람은 별로 없습니다.

본업과 부업 어느 것이 돈을 많이 벌까요?

대다수 사람은 본업이 돈을 많이 번다고 답을 할 것입니다.

물론 맞는 사람도 있고 안 맞는 사람도 있습니다.

주식으로 부업 하는 사람은 돈을 벌까요?

아니면 돈을 날리는 사람이 대부분일까요?

주식으로 부업 하는 사람은 돈을 날리는 사람이

돈을 버는 사람보다 훨씬 많을 것입니다.

왜 돈을 잃는 주식 투자를 계속할까요?

본업으로 모은 돈 부업으로 돈을 반복적으로 까먹는 행위는
좀 심한 표현으로는 밥 팔아 똥 사 먹는 행위입니다.

주식 투자로 돈을 잃는 많은 사람이 하는 부업인 주식 투자는
한마디로 주식 도박입니다.

그럼 부동산으로 하는 부업은 어떨까요?

대다수 사람은 돈을 많이 벌었습니다.

돈을 많이 번 사람 중에는 부동산 부업으로 돈을 번 것이
본인의 본업보다 돈을 많이 번 사람이 많습니다.

그래서 우리는 부동산 투자를 잘해야 합니다.

좋은 부동산 투자는 또 다른 나의 아바타가 돈을 벌어 줍니다.

이왕 하는 부업이라면 돈을 잃어가면서 스트레스를 받는
주식 투자보다 편안하게 돈을 버는 부동산 부업이 좋지 않을까요?

때때로 본업보다 돈을 많이 버는 부동산 투자가 어떻습니까?

부동산 투자로 단 하루 투자하여 본인의 연봉보다 많이 벌었다면
이미 부동산으로 이미 기적을 만들었네요?

축하합니다. 앞으로도 계속 부동산 부업으로 부를 창출한다면
누구나 부자가 될 수가 있습니다. 왜냐하면, 부동산 부업은 기적
을 창출하고 운명을 바꾸는 기적의 상품이니까요?

한 달 일한 돈의 보답으로 받는 월급보다 수년 일한 연봉보다
부동산 부업으로 하루 투자해서 번 돈이 많다면
당연히 시간을 더 투자해야겠지요?

81

우리가 자주하는
착각의 자유

우리는 착각을 자주 하면서 살아갑니다.

그래서 우리는 신도 아니고 로봇도 아닌 사람인지도 모르겠습니다.

사람은 이런 착각을 많이 합니다.

통계적으로 주식 투자는 돈을 버는 사람보다는

잃는 사람이 훨씬 많습니다.

그래도 내가 주식투자를 하면 돈을 벌 수 있다고 생각하고

주식 투자를 시작합니다.

결과는 돈을 잃습니다.

그리고 또 주식 투자를 하면 시행착오를 겪었기 때문에

이번에는 돈을 벌 수 있다고 생각합니다.

결과는 또 돈을 잃습니다.

우리는 주식 투자에서 늘 돈을 벌 수 있다고 착각하며
주식 투자를 하고 있습니다.
보통 서민이 주식 투자에서 실수하는 착각입니다.
비단 주식 투자뿐만 아닙니다.

자영업을 시작하는 사람은 돈이 부족한 경우가 많습니다.
그래서 적은 돈으로 망한 가게를 인수하면서
내가 열심히 일한다면 그러면서 대박을 꿈꿉니다.
또 대박은 아니지만 망하지는 않을 것이라는
자신감을 가지고 시작합니다.
결과는 대동소이하게 망합니다.

내가 하면 잘할 수 있다.
내가 열심히 하면 잘할 수 있다.
우리는 늘 착각의 자유를 하며 살고 있습니다.

이전의 사람도 내가 열심히 하면 망한 가게를 살릴
자신감이 있어 시작했습니다.
결과는 망했습니다.

통계적으로 돈을 잃는 상황인 경우는

내가 열심히 해도 돈을 잃습니다.

이것이 확률입니다.

주식시장이 그렇고 망한 가게가 그렇습니다.

내가 착각의 자유에서 벗어나기 위해서는

조금 노력해서는 부족합니다.

우리가 하는 착각은 자유지만

투자의 세계에서 돈을 벌 수 있다는 착각에서 벗어나는 길은

철저한 준비와 탁월한 실력만이

우리를 착각의 자유에서 벗어날 수가 있습니다.

82
리더란 선택을
하는 사람

우리의 인생은 늘 선택의 연속입니다
선택의 결과는 본인에게 돌아오는 것이 인생입니다.
그래서 리더의 선택은 늘 조직의 운명을 가르기도 합니다.
중요한 선택일수록 그것을 결정하는 사람의 위치도 높아집니다.
중요한 결정을 하는 사람을 우리는 리더라고 부릅니다.
리더의 결정이 그 나라와 그 회사의 운명을 가르기 때문입니다.
대한민국을 잘살게 한 리더는 많았습니다.

박정희 대통령, 정주영 회장, 이병철 회장
이 세 분은 대한민국을 부의 길로 이끈,
삼각편대같이 움직인 훌륭한 리더입니다.
그 외에도 수많은 리더가 대한민국을 훌륭하게 이끌어 왔습니다.

대한민국은 한때에 세계에서 가장 탄탄한 중산층을
보유한 나라였습니다.

IMF 외환 위기, 금융 위기, 코로나 위기를 겪으면서
많은 기업과 가계가 무너졌습니다.

이 과정에서 중산층은 해체되어 가고 있습니다.

일부는 중산층을 뛰어넘은 사람도 있습니다.

탄탄한 중산층을 해체하게 만든 이유가
가정의 선택을 뛰어넘는 선택을 강요하였기 때문입니다.

가정은 부모에 의해 움직이는 최소 단위 공동체입니다.

부모는 가정의 리더입니다.

지금 잘살고 있다면 부모인 당신의 선택이 훌륭하다고
인정하셔도 좋습니다.

물론 더 잘할 수 있었는데 아쉬움도 있겠지요.

지금 잘살고 있지 않다면 부모의 선택
또는 가장인 본인의 선택이 잘못된 것이라고 인정해야 할 것입니다.

저자는 잘못한 선택을 많이 한 장본인입니다.

그 후회와 잘못으로 비싼 수업료를 내고 탄생한 작품이
『땅 투자 땅 짚고 헤엄치기』와 『투자 바이블』입니다.

그래서 저는 책을 통하여 모두가 잘사는 새마을운동을 하고 있습
니다.

어제와(과거) 똑같이 살면서 다른 미래를 기대하는 것은

정신병자 초기 증세다. 아인슈타인의 명언입니다.
지금과 같은 삶을 꿈꾼다면 과거에 한 선택처럼 하면 되고
현재와 다른 삶을 꿈꾼다면 과거처럼 선택하는 것 대신
다른 선택을 하여야 합니다.
그러나 모두가 바꿀 필요는 없습니다.
과거에 선택을 잘한 사람은
변하지 않고 그대로 쭉 밀고 가시면 됩니다.

여러분이 리더입니다.

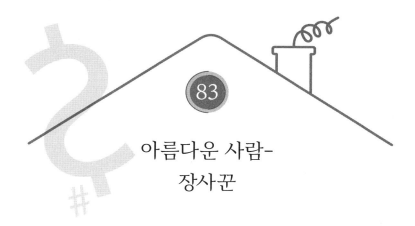

83

아름다운 사람-
장사꾼

세상에는 많은 직업이 있습니다.

인류의 시작은 많은 직업이 없었지만

사회가 발전할수록 직업의 수는 점차 늘어만 갔습니다.

처음부터 상인이라는 직업이 생긴 것은 아닙니다.

처음에는 서로 남는 생산물을 부족하거나 필요한 것으로

물물교환으로 시작하였습니다.

물물교환 장소가 발전하여 시장이 되었습니다.

시장에서 물물교환하면서 서로 필요한 물건을 가지고 있는

사람을 만나기는 너무 불편하고 힘이 들었습니다.

그래서 그 매개체가 필요한 것인데 그것이 바로 상인이고

돈의 시작입니다.

쉽게 이야기하면 돼지를 가지고 있는 사람이 닭을 사고 싶다면

어떻게 해야 할까요?

처음에는 돼지를 가진 사람이 닭을 가진 사람을 찾아야 하겠지요?

서로 필요한 물건을 가진 사람을 찾는다는 것은

얼마나 불편하겠습니까?

그 불편함을 개선한 시장이 바로 상인입니다.

바로 돼지를 가진 사람은 돼지를 팔고 쌀을 삽니다.

닭은 가진 사람은 닭을 팔고 쌀을 삽니다.

어떤 상인은 돼지도 보유하고

또 다른 상인은 닭을 보유하고 있다가

필요한 사람에게 다시 파는 것입니다.

그렇게 보유하는 물건이 많아지면서 거래가 활성화된 것입니다.

조선 시대 상평통보라는 돈이 보편화되기 전에는

쌀과 보리와 옷을 만드는 면포가 돈의 역할을 하였습니다.

쌀과 보리 그리고 면포를 통해 원하는 물건을

편하게 살 수가 있었습니다.

장사꾼 때문에 인류가 존재할 수 있기 때문입니다.

우리가 차마고도라는 티비 프로그램에서 마방이 일하는 모습을

보면 애처롭기도 하지만 아름답게 느껴지지 않나요?

마방이 소금과 식량을 판매하지 않았다면

없어진 부족이 많을 것입니다.

또 사막을 가로지르는 대상이 없다면

또 얼마나 많은 부족이 없어졌을까요?

조선 시대에도 많은 보부상에 의해 목숨줄을 이어갔습니다.

아름다운 사람, 장사꾼에 의해

과거부터 현재까지 그리고 미래에도

넘치는 곳에서

부족한 곳으로 필요한 물품을 공급합니다.

아름다운 사람, 장사꾼은

넘치는 곳의 사람에게도 도움이 되고

부족한 곳에서 도움이 되는

제2의 소비자와 제2의 생산자의 역할을 담당합니다.

84

없어져야 할 유교 관념-
사농공상

조선이 멸망한 시간은 100년이 훨씬 넘었습니다.

조선이 망하면서 유교의 성리학 이념도 같이 무너졌습니다.

그러나 우리의 관념 속에는 아직도 사농공상이 남아 있습니다.

지금도 상인을 장사꾼으로 비하적으로 말하기도 합니다.

조선이 망한 이유는 많지만 그중 하나가 벼슬을 하기 위해

과거시험으로 평생을 보낸 사람이 너무 많았다는 것입니다.

생산적 역할을 하지 못하고 양반이란 이유로 병역과 세금에서 해

방된 양반이 공상을 멸시한 것은 조선 멸망에 큰 원인입니다.

또 벼슬을 하기 위한 권력투쟁은 많은 인재를 죽여야 했습니다.

왕도 마음에 들지 않으면 독살하고 갈아치우기까지 하였습니다.

조선이 망한 것은 다 이유가 있습니다.

선진국이 되기 위해서는 반드시 세일즈를 하는

상인이 존중받아야 합니다.

아무리 생산을 잘해도 독점력이 있거나 탁월한 경쟁력이 없다면 판매하는 어려움으로 결국 재고로 남을 수밖에 없습니다.

왜냐하면, 보통의 생산품들은 수준이 비슷비슷하기 때문에 판매에서 승부가 나는 경우가 많습니다. 판매를 촉진하기 위한 각종 매체 광고에 많은 돈을 투자하기도 합니다.

경쟁이 치열할수록 유능한 상인과 유능한 사업가가 더 필요합니다. 인터넷의 발전은 많은 사람을 유능한 상인과 사업가로 필요로 하고, 또 만듭니다. 생산을 담당하는 사람의 기술도 중요하지만 치열한 경쟁은 더 유능한 상인을 필요로 합니다.

그러기 위해서는 유능한 상인을 배출해야 하고, 유능한 상인은 유능한 사업가로 변모해야 합니다.

그것이 대한민국의 미래입니다.

생산은 자동화와 로봇으로 고용의 한계가 있습니다. 고용의 한계를 뛰어넘는 것이 바로 유능한 상인과 유능한 사업가입니다.

판매망이 탄탄하고 판매인력이 뛰어나면 재고 등 기업의 많은 문제를 해결할 수가 있기 때문입니다.

정부가 지원하는 지식산업센터는 유능한 상인과 사업가를 배출하는 공간이 될 것입니다.

많은 기업이 지식산업센터에서 태어나고 고용의 한 축을 담당하고 대한민국 고용의 새 희망이 되기를 축복합니다.

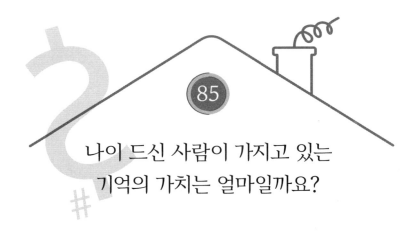

85

나이 드신 사람이 가지고 있는 기억의 가치는 얼마일까요?

노인이 돌아가면 도서관이 없어진다는 서양 속담이 있습니다.

나이 드신 사람이 살아온 삶과 경험(성공과 실패)을 통해

얻은 지혜의 가치가 매우 높다는 것을 그 사회가 인정한 것입니다.

과거에는 경험을 무척 중요하게 생각하였습니다.

경험이 많다는 것은 나이가 많다는 이야기입니다.

그래서 어른신이 대접을 받았습니다.

지식은 책이나 인터넷을 통해 쉽게 얻을 수 있지만

지혜를 얻는 것은 어렵습니다.

지혜는 통상 오래 사신 사람

즉 노인의 경험에서 나오는 경우가 많습니다.

성경의 장로도 사실 나이가 많아야 가능하며

로마의 원로원도 나이가 많아야 가능합니다.

심지어 무협지의 원로도 나이가 많아야 가능합니다.

원로의 저력은 그 사회의 위기 상황에 큰 힘을 발휘합니다.

노인의 삶에서 나오는 지혜는

고스란히 기억 속에 살아 있습니다.

평상시보다는 위기에 발휘하는 노인들 기억의 가치는 얼마일까요?

왜 살아 있는 도서관이라고 평가할까요?

노인의 기억 그 가치는 무려 71억입니다.

정말 도서관 하나 짓는 어머 어마한 가격입니다.

기억 = 71억

이상 노인들 지혜의 가치를 유머로 표현해 보았습니다.

86

안 산 땅
만 평이 넘어!

평상시 자존심이 없고 가난하고 늘 소심한 사람이 술김에

"나도 안 산 땅 만 평이 넘어."라고 큰소리를 쳤습니다.

그 자리에 있는 친구들은 그를 부러워하며

갑자기 아부하기 시작하였습니다.

또 온갖 아양을 떨며 접대를 하기도 하였습니다.

안 산 땅 만 평이 넘는다고 소리친 못난이 친구는

너무 기분이 좋았습니다.

기분 좋게 집에 들어간 못난이 친구는

집에서도 가족에게 구박 덩어리였습니다.

평소와 다른 남편의 모습에 아내가 궁금하여

무슨 일이 있었는지 물어보았습니다.

평소 나를 깔보고 무시한 친구들이 오늘 나에게

온갖 아부와 접대를 하였는데 왜 그러는지 모르겠다.

당신이 무슨 말을 했는데?

응! 나 안 산 땅 만 평이 넘는다고 이야기를 하였어!

그때부터 아내의 눈빛이 달라졌고 아이의 태도가 달라졌습니다.

일주일간 정말 집에서 왕처럼 대접을 받았습니다.

어느 날 아내가 안산 땅 만 평 보러 가자고 하였습니다.

남편은 그때 자기가 잘못 이야기한 것을 깨달았습니다.

내가 살 수도 있었는데 사지 못한 땅이 만 평도 넘는다는

후회의 표현을 "안 산 땅 만 평이 넘어."라고 말한 것이

친구와 가족이 "안산 땅 만 평이 넘어."라고 오해하여

벌어진 사태를 수습하지 못하여

지금도 천덕꾸러기로 살아가고 있다는 유머입니다.

부자는 산 땅이

백 평이 있습니다.

천 평이 있습니다.

만 평이 있습니다.

87

산에 가면서 느낀
주식 투자와 부동산 투자

많은 사람이 건강을 위하여 또는 즐거움을 위하여 산에 오릅니다.

산행하면서 즐거움과 건강을 동시에 얻습니다.

힘들게 산행을 하면 먹는 즐거움은 더욱 커집니다.

우리는 산에 올라갈 때 힘들면 쉬었다가 다시 정상에 오릅니다.

정상에 가면 즐겁게 인증사진을 찍기도 합니다.

상황에 따라 정상에 가기 전에 혹은 도착하고 나서 가지고 간

맛있는 음식을 산행 동료와 나눠 먹습니다.

물론 혼자 산행 간 사람은 혼자 먹기도 하며

산에서 같이 합류하여 먹기도 합니다.

우리는 산에 오를 때 힘들면 쉬었다가 가지만

아래로 내려갔다가 올라가는 일은 좀처럼 없습니다.

산에 가면서 느낀 점이 이것은 부동산 투자와 닮았다는

생각이 많이 들었습니다.

부동산은 가격이 하락하면 우리는 그 자리에서 버티면서

다시 가격이 오르기를 기다립니다.

보통 시간이 흐르면 다시 가격이 오릅니다.

이것이 이때까지의 경험입니다.

그래서 부동산은 상승하다가 멈추고 반복하면서

투자의 복리효과를 누립니다.

그렇게 하여 산의 정상에 가듯이

투자의 정상을 향해 한 걸음 다가갑니다.

이에 반해 주식 투자는 늘 손절이 발생합니다.

산에 갔다가 힘들면 내려오고 다시 오르기를 반복하면

도대체 언제 정상에 도착합니까?

이렇게 하면 좀처럼 산의 정상에 가기 힘듭니다.

그래서 주식 투자로 수익을 내기 위해서는

체력이 있을 때 산에 많이 오르듯이 즉 수익을 최대한 많이 내고

손절을 짧게 하는 실력을 갖추지 못하면 좀처럼 수익을 내지 못

하는 것이 주식시장입니다.

주식 투자를 하는 사람 중에 많은 사람이 그런 실력이 없기에

좀처럼 수익을 내기 힘들어합니다.

주식시장에서 손절이 필요한 이유는

모든 기업은 언젠가는 망합니다.

모든 기업이 언젠가 망하는 것임에도 불구하고
기업을 창업하는 기업가과 기업의 수명을 늘리기 위해 노력하는
기업가를 우리는 존경해야 하는 이유이기도 합니다.
언젠가는 망하는 기업의 파생상품이 바로 주식입니다.
그래서 주식시장에서 위험관리가 중요한 이유입니다.
여러분의 기억에도 부도난 재벌이 있을 것입니다.
거대한 회사도 있습니다.

그래서 주식 투자는 위험관리가 중요한 것입니다.
위험한 주식처럼 늘 손절을 염두에 두고 불안한 주식 투자
대신 힘들면 멈추었다가 정상에 다시 오르는 등산처럼
부동산이 투자의 정상에 오르기 쉽지 않을까요?

산에 오르면서 느낀 부동산 투자와 주식 투자였습니다.

88

개미들의 돈을
빨아먹는 공매도

2023년 상반기 아파트 가격하락으로 전국이 난리입니다.

만일 아파트도 주식시장처럼 공매도가 있다면

아파트 가격은 폭락하고 대출을 많이 이용한 사람

대부분은 파산할 것입니다.

다행히 부동산은 공매도가 없습니다.

그래서 우리는 버틸 힘이 생기는 것입니다.

부동산 가격이 하락하면 같이 고통 속에서 버티고

오르면 같이 수익을 보는 상품인 부동산을 보면서

대한민국 주식시장에서 공매도는 빨리 없어져야 한다고 주장합

니다.

대한민국 공매도의 역사를 보면

1998년 7월, 외국인에게 공매도를 허용한 것으로 알고 있습니다.

검색해보니까 IMF 자금지원을 받을 때 생긴 것으로 보입니다.

이때부터 대한민국 주식시장은 외국인의 먹이가 되었습니다.

그 먹이의 대상이 눈먼 개미들의 피눈물 같은 돈입니다.

외국인의 공매도로 얻는 탐욕은

개미들의 피눈물까지 다 빨아먹습니다.

그래서 저는 개인의 주식 투자를 도박이라 이야기하고

주식 투자를 말리는 사람입니다.

공매도가 없는 부동산으로 서민들이 투자하면 좋겠습니다.

주식시장은 공매도가 없어지는 순간에 진입해도 늦지 않습니다.

언젠가는 기울어진 운동장이 없어지는 날이 오겠지요?

그때까지 소액으로만 주식 시장에서

투자 실력을 키우면 됩니다.

공매도의 피해를 줄이는
ETF, ETN 투자

주식 투자 쉽지 않습니다.

개인이, 개미들이 주식 투자에서 수익을 내기가 정말 어렵습니다.

그것은 여러분의 잘못이 아니라

힘센 놈의 공매도를 제어하지 못하는

금융당국자의 잘못이 오히려 큽니다.

2022년처럼 주가가 폭락하고 투자심리가 바닥일 때

더욱 공매도가 기승을 떨칩니다.

합법적인 공매도뿐만 아니라

공매도 매매의 원칙을 어긴 불법 공매도가 빈번하게 일어나도

공매도로 인한 이익이 벌금을 납부하는 것보다 훨씬 크기에

증권회사와 외국인은 공매도를 불법적으로 운용하기도 합니다.

주가가 폭락할 때마다 개미들은 공매도 철폐를 주장하였지만

정부는 여전히 공매도를 철폐하지 않고 그대로 둡니다.

왜냐하면, 공매도를 하는 세력이 힘센 놈이기 때문입니다.

그러면 개미들이 공매도의 피해를 줄여가는 투자는 없을까요?

공매도 손실에서 완전하게 피해 가지는 못하지만

그래도 어느 정도 줄여가는 ETF 지수투자는

주식 시장에서 하나의 대안이 될 수 있습니다.

그것은 공매도에 그대로 직접 노출된

개별 종목에 대한 투자가 아니라

지수에 대한 투자여서 공매도의 피해를 줄여갈 수 있습니다.

예를 들면 하락이 예상된다면

선물인버스2X 등에 투자하는 것입니다.

종합주가 지수에 연동하여 지수가 상승할 때와

하락할 때 수익을 보는 상품이 있습니다.

인버스 ETF 상품은 주가가 하락할 때 보험처럼 활용할 수 있습니다.

주가가 상승한다면 공매도로 인한 피해가 없지만

KODEX 레버리지는 주가가 상승할 때 수익을 내는 ETF 상품입니다.

레버리지 ETF, ETN 거래를 위해선 금융투자교육원 홈페이지에서 교육을 이수하고 거래하는 증권회사 HTS에 등록 후 거래를 하면 됩니다.

90

엉터리 투자의
3요소

투자의 3요소를 알고 있지요?

'안전성, 수익성, 환급금'

우리는 이렇게 학교에서 배웠습니다.

그래도 투자의 3요소를 엉터리 투자의 3요소라고 이야기합니다.

그 이유는 확률이 빠져 있기 때문입니다.

안전성의 대표 상품은 부동산

환금성의 대표 상품은 예금

수익성의 대표 상품은 주식이라고 우리는 배웠습니다.

여러분도 이렇게 배웠을 것입니다.

왜 엉터리 투자의 3요소라고 이야기를 할까요?

그것은 바로 수익성의 대표상품은 주식이 아니기 때문입니다.

주식이 수익성의 대표상품인 것은

'돈도 많고'

'정보도 많고'

'공매도도 가능한 기관과 외국인'이라면 맞는 이야기입니다.

개미 투자자에게 주식은 수익성의 대표상품이 아니라

돈을 까먹는 위험성의 대표상품입니다.

그 근거는 확률에 있습니다.

개인(개미)인 여러분은 주식 투자를 하여 수익을 보았나요?

아니면 손실을 많이 보았나요?

여러분 스스로 알고 있을 것입니다.

제가 투자의 3요소라고 엉터리라고 이야기한 것은

확률이 이미 증명하였습니다.

우리가 엉터리 투자의 3요소를

투자의 3요소로 배우고, 믿는 있는 것은

힘센 놈인 기관과 외국인의 사기 이론에 당한 것입니다.

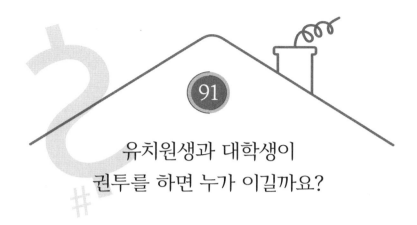

유치원생과 대학생이
권투를 하면 누가 이길까요?

정말 말도 안 되는 질문이지요?

공정한 경기를 위해서 체급을 나누고 체급별 경기를 하는 것이

권투, 유도, 씨름, 역도, 태권도 등 많은 스포츠에서 적용됩니다.

체급과 무관한 농구, 축구, 야구 등과 같은 스포츠 경기도 있습니다.

주식시장은 체급과 무관한 경기장입니다.

초등학생 축구부와 프로 축구부가 같은 경기장에서

시합한다면 누가 이길까요? 정말 말도 안 되는 이야기죠.

그렇지만 주식 투자의 세계에서는 다반사로 벌어지는 일입니다.

여러분은 주식으로 투자를 하시나요?

아니면 주식으로 도박을 하시나요?

본인의 투자 실력은

유치원생 수준의 축구 실력인가요?

초등학생 수준의 축구 실력인가요?

아니면 대학생 수준의 축구 실력인가요?

적어도 대학생 수준이 되어야 주식투자자라고 할 수 있습니다.

그보다 못하다면 당신은 주식 투자자가 아니라 주식 도박자입니다.

주식 도박자는 당신의 생명 같은 돈과 인생이라는 시간과

가족의 행복을 갉아먹고 있습니다.

빨리 주식 도박에서 벗어나는 것이 돈 버는 길입니다.

당신이 주식 투자에서 손실을 보는 것은 실력이 부족한 것도 있지만 그것보다는 돈도 부족하고, 정보가 부족하고, 공매도 등 법적 제도에서 이미 승부가 난 싸움을 하고 있기 때문입니다.

기관과 외국인이 쳐놓은 거미줄 속에서 개인이 돈을 벌려고 하는 것은 거미줄에 걸린 먹이가 발악하는 것과 같습니다.

그래도 주식 투자로 돈을 벌고자 한다면

기다리고

인내하고

또 기다리는

저격수가 되어야 할 것입니다.

저격수가 되어 돈을 벌고 있다면 주식 투자자이고

그 외에는 주식 투자가 아니라 주식 도박을 하는 것입니다.

92

늪을
아시나요?

혹시 늪에 빠진 적이 있나요?

대한민국 사람은 늪을 텔레비전에서 보고 알았을 것입니다.

저도 텔레비전에서 늪을 보았습니다.

어릴 때 텔레비전 타잔에서 본 늪이 지금도 생각이 납니다.

그래서 대한민국에서 진짜 늪에 빠진 사람은 없을 것입니다.

대한민국에서 늪에 빠진 사람의 이야기를 들어본 적이 없습니다.

그래도 늪은 아닌데 늪에 빠진 것처럼 늪에서 빠져나오지 못하고

늪 속에서 허우적대는 사람이 너무나 많습니다.

대표적인 늪이 도박의 늪입니다.

도박보다 더 많은 사람이 빠진 늪이 바로 주식 도박의 늪입니다.

도박은 불법이라서 합법적인 주식 도박에 사람보다 훨씬 적습니다.

저 역시 주식 도박에 빠졌던 한 사람입니다.

주식 시장에서 계속 손실을 보는 사람은

주식 도박에 빠진 사람입니다.

빨리 나오는 것이 경제적으로, 건강상 좋습니다.

주식 도박에 빠져 오래 머물러 있으면

주식 폐인이 될 수도 있습니다.

주식 투자 실력이 없고, 주식 투자 준비가 안 된 주식 투자는

본인은 주식 투자라고 하지만 사실은 주식 도박을 하는 것입니다.

도박과 주식 도박의 공통점은 본전이 오면 그만둔다는 것입니다.

그리고 본전이 와도 그만두지 못하는 점도 공통점도 있습니다.

늘 돈을 벌 수도 있다는 착각을 한다는 점에서도

공통점이 있습니다.

그래서 도박과 주식 도박의 늪에서 빠져나오지 못하고

도박 늪 속에서 허우적대고 있는 것입니다.

소중한 돈, 목숨 같은 돈

계속 손실 보는 주식 도박의 늪 속에 빠져 있다면 빨리 빠져나와

돈을 벌 확률이 높은 부동산투자로 행복한 투자를 꿈꿔보세요!

삼성전자의 주인은
누구일까요?

삼성전자의 주인은 누구일까요? 누구나 아는 질문을 왜 할까요?

누구나 삼성전자의 주인은 이재용 회장이라고 말합니다.

상식적으로 맞는 이야기입니다만 주식투자자의 관점에서는 정답

이 아닙니다. 왜 투자자의 관점에서는

이재용 회장이 삼성전자의 주인이 되지 못할까요?

이재용 회장은 삼성전자의 투자와 배당 등 큰 정책을 결정할 수는 있지

만 삼성전자 주가의 가격을 결정하는 주체가 될 수가 없기 때문입니다.

즉 이재용 회장은 삼성전자의 주식을 살 수는 있습니다만

경영권 때문에 삼성전자의 주식을 팔 수는 없는 존재입니다.

다른 말로 표현하면 삼성전자 주가의 가격을 결정하는 데에는

부족함이 있다는 이야기입니다.

그럼 삼성전자의 주인은 누구일까요?

그것은 바로 외국인입니다.

외국인이 삼성전자 주식을 팔면 파는 강도에 따라 삼성전자 주가는 하락하거나 폭락합니다. 또 외국인이 삼성전자 주식을 사면 사는 강도에 따라 삼성전자 주가는 오르거나 폭등합니다.

그래서 투자의 관점에서 삼성전자의 주인은 외국입니다.

주식 주인만이 주식 가격을 결정할 수가 있습니다.

그래서 우리는 주식 가격을 결정하는

주인의 결정에 순응하여 투자하면 큰 수익을 볼 수가 있습니다.

모든 주식은 가격을 결정하는 주인이 있습니다.

주식 투자에서는 주인이 누구인가를 파악하는 것이 매우 중요합니다.

그래야 피 같은 돈 목숨 같은 돈을 지킬 수가 있습니다.

어떤 주식은 기관이 사면 오르고, 팔면 내리는 기관이 주인인 주식도 있습니다. 어떤 주식은 외국인도 아니고 기관도 아닌데 오르고 내리는 주식이 있습니다.

이 주식은 큰 손이 주인인 주식입니다. 외국인도. 기관도. 큰 손도 투자하지 않는 주식은 개잡주일 가능성이 농후합니다.

이런 개잡주 주식은 절대로 투자해서는 안 될 주식입니다.

주식 투자자에게 누가 주인인지를 파악하는 것은 매우 중요합니다.

주식 주인이 바로 힘센 놈이기 때문입니다. 그것이 내가 투자한 돈의 수익과 손실을 결정하는 방향키의 역할을 합니다.

94

산불의 형태에서 깨달은
주식 투자의 성공 비결

2023년에는 유난히 산불이 많이 났습니다.

산불은 자연 발생으로 나기도 합니다만 보통은 누군가의 부주의
와 고의에 의한 방화로 인해 산불이 많이 발생합니다.

그렇게 발생한 산불은 건조한 날씨가 오래되거나, 쌓인 낙엽 등
으로 인해 산불은 순식간에 대형 산불로 번지며 그 피해 규모 역시
엄청난 재앙을 불러옵니다.

뉴스에 보면 산불을 진압해가다가 다시 산불이 커지는 경우를
자주 봅니다.

산불의 형태를 주식 투자와 비교하면 유사한 점이 너무나 많습니다.

산불이 순식간에 커지는 모습의 유사성.

　1. 주식시장에서 악재가 발생하면 순식간에 시장을 덮습니다.

　2. 악재가 소멸하는 듯하다가 다시 악재가 재발합니다.

그와 반대의 경우도 존재합니다.

1. 주식시장에 테마가 발생하면 순식간에 비슷한 업종으로
테마가 전파되면서 주가는 상승합니다.

2. 한 종목이 끝나기가 무섭게 혹은 동시다발로 비슷한 종목이
오릅니다.

3. 테마 대장주는 쉽게 죽지 않고 소강상태를 보이다가
다시 상승합니다.

2023년 미국 SVB 파산사태의 산불이 발생하고 진압하고를
반복하면서 결국은 진압되었습니다.

전기차의 테마도 상승과 하락을 반복하다가 제자리를 잡을
가능성이 농후합니다.

주식 투자할 때 자주 발생하는 상승할 때와

하락할 때 나타나는 되돌림 현상은

마치 산불이 죽었다가 살아나는 것과 비슷합니다.

산불의 형태에서 깨달은 주식 투자의 성공 비결이었습니다.

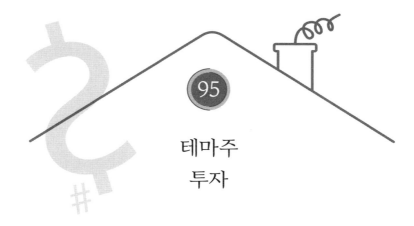

테마주
투자

"투자는 힘센 놈이 이기는 싸움이다."라고
『투자 바이블』과 『땅 투자 땅 짚고 헤엄치기』 책에서
늘 강조하였습니다.

주식 투자에서 테마주 테마주 하는데 테마주 투자란 무엇일까요?

테마주란 그날 가장 힘이 센 놈에 투자하는 것을 말합니다.

통상 테마주는 같은 업종으로 웬만하면 다 같이 주가가 오릅니다.

왜냐하면, 그날 가장 힘이 센 놈이 테마주이기 때문입니다.

투자는 힘센 놈이 이기는 싸움이다.

이것만 기억하시면 투자하는 데 실패는 없습니다.

테마주 투자도 힘센 놈, 1등주에 투자하면 됩니다.

1등 주식을 우리는 대장주라고 부릅니다.

2등 주식도 대장주 따라 오릅니다.

2등 주식의 힘이 빠지고 주가가 하락하면
대장주의 상투가 가까워진다고 생각하면 큰 실패는 없습니다.
투자는 힘센 놈이 이기는 싸움이다.
이것만 기억해도 우리는 투자에 성공할 수 있습니다.

투자자는 힘센 놈이 누구인가를 파악하는 데 노력해야 합니다.
그래야 투자에 성공할 것입니다.

96
고스톱에서 배우는
주식 투자 성공비결

많은 사람은 주식 투자로 돈을 벌고자 주식 투자를 합니다.

처음 의도는 돈을 벌고자 주식 투자를 하였지만

결과는 주식 투자로 손실을 본 사람이 대부분입니다.

왜 사람들을 주식 투자로 돈을 잃을까요?

주식 투자로 돈을 버는 방법을 고스톱으로 설명하고자 합니다.

고스톱에서 패가 안 좋으면 죽으면 됩니다.

주식 투자에서도 시장이 안 좋으면 기다리면서

다음 시장이 좋아질 때를 기다리면 됩니다.

고스톱에서 패가 좋아 혹은 운이 좋아 점수가 나면

광박, 피박, 쓰리고 등 최대한 점수를 많이 내야 돈을 땁니다.

주식 투자에서 시장이 좋을 때 최대한 수익을 끌고 가야 합니다.

100%, 200% 등 큰 수익을 내야 합니다.

새가슴처럼 10%~20% 등 끊어 먹으면

절대로 돈을 벌 수가 없습니다.

고스톱에서 돈을 잃을 때

쇼당을 잘 붙여 손실을 적게 보아야 합니다.

주식 투자에서 손실을 적게 보는 방법은 손절을 잘하는 것입니다.

고스톱에서 청단, 홍단 등을 적절하게 이용합니다.

주식 투자에서는 테마주를 적절하게 이용해야 합니다.

고스톱에서는 피가 절대로 유리합니다.

특히 쌍피는 먼저 먹는 사람이 입자입니다.

주식 투자에서 거래량이 많은 종목에 투자해야 합니다.

특히 거래량이 터지는 종목에 투자해야 합니다.

고스톱에서는 누구나 광을 좋아합니다.

주식 투자에서 대장주를 공략해야 합니다.

고스톱에서는 낙장불입입니다.

주식 투자에서 매수를 신중하게 해야 합니다.

고스톱에서 점수가 나기만 하면 스톱 하는 새가슴은

고스톱에서도 돈을 벌지 못하고 주식시장에서도 돈을 잃습니다.

절대로 주식 투자하면 안 됩니다.

돈 잃고, 건강 잃기 쉽습니다.

고스톱과 주식 투자 성격이 도박이라서 상관계수가 상당히 높습니다.

즉 고스톱에서 손실을 보는 사람은

주식 투자를 하면 손실 볼 확률이 높습니다.

주식 투자에서 손실을 줄일 수만 있다면

돈을 벌 확률은 자동으로 높아집니다.

누구나 시작하는 주식 투자 누구나 돈을 벌지 못합니다.

오히려 누구나 돈을 잃기 쉽습니다.

도박판에서도 실력이 중요하듯이

주식 투자에서도 실력이 중요합니다.

실력을 갖춘 연휴에 투자해도 돈을 잃기 쉬운 것이

주식 투자입니다.

주식 투자하는 사람이 얼마나 호구였으면

사람이 아니라 누구나 밟고 다니는 발아래 개미라고

표현하였을까요?

고스톱처럼 도박은 안 하는 것이 돈 버는 것입니다.

주식 투자 안 하는 것이 돈 버는 사람이 많습니다.

97

주가는 계단과 엘리베이터를 통해 움직입니다

뜬금없이 웬 계단과 엘리베이터 이야기를 할까요?

주가와 지수는 오를 때는 계단처럼

꾸역꾸역 오르는 경향이 있습니다.

개별 주식은 특정 호재에 의해 엘리베이터를 타고 폭등을 하기도

하지만 그런 경우는 아주 드물게 발생합니다.

종합지수는 웬만하면 엘리베이터를 타고 폭등하는 일은 없습니다.

종합지수 대폭등의 경우는 대폭락 후 반등할 때를 제외하고는 발

생하기 좀처럼 힘든 일입니다.

그와 반대로 종합지수 하락과 개별주가 폭락은

엘리베이터를 타고 급락합니다.

꾸역꾸역 2~3달 오른 주가지수와 개별주가도

2~3일이면 원위치를 시킬 수도 있고,

때때로 더 하락시킬 수도 있는 것이 주식 시장입니다.

대폭락할 때 "주식 시장에 떨어지는 칼날을 잡지 마라."라는

격언이 있습니다.

즉 바닥은 아무도 모른다는 것입니다.

바닥을 모르니 반등을 예단하지 말라는 이야기입니다.

반등을 예상하고 떨어지는 칼날을 잡는 것은

저가에 주식을 사겠다는 탐욕입니다.

주가가 하락하는 상황이

엘리베이터를 타고 온 주가와 지수의 대폭락입니다.

이것을 한번 맞으면 개인은

원금을 만회할 방법이 없을 정도로 타격이 큽니다.

주식 시장에서 위험관리가 수익관리보다 훨씬 중요한 이유입니다.

그래서 주식 투자 전문가는 주식 투자에 있어서

현금을 항상 보유하라고 이야기를 하는 것입니다.

즉 가장 좋은 투자 종목은 현금이다.

이는 주가 대폭락할 때 반등의 총알이면서,

위험 회피의 방패 역할을 할 것입니다.

주식시장은 늘 엘리베이터를 타고 오는

대폭락이 있음을 기억하면 좋습니다.

98

주식 투자는
희망과 실망 사이입니다

어떤 면에서 로또와 비슷한 성격을 가집니다.

로또를 구매할 때 희망을 꿈꾸며 구매를 하지만 돌아오는 것은

거의 다 실망입니다.

알고도 대다수 서민은 매주 로또를 구매합니다.

주식 투자도 희망을 품고 투자를 하지만

돌아오는 결과는 투자손실이라는 실망입니다.

그래도 우리는 주식 투자를 합니다.

주식 투자와 로또 구매 많이 닮지 않았나요?

확률적으로 보면 하루의 주가는 오전에는 보통 힘차게 오릅니다.

희망을 품고 힘차게 오르는 주가도 10시 30분 전후에서는

서서히 거래량도 줄면서 가격은 하락합니다.

희망에서 시작하여 현실을 지나고 실망으로 가는 과정이 보통입니다.

보통 주식시장에서는 최고점은 오전에 거의 다 찍습니다.

만일 오후에 최고점을 찍는다면, 그 주식은 힘이 좋은 주식으로 종가매매의 대상이 되어 전문가는 이런 종목을 매수합니다.

하루를 보고 주식 투자를 한다면,

오전에 힘이 좋을 때 주식을 매도하고,

오후에 힘이 약할 때 힘이 좋은 주식을 발굴하는 것은

좋은 투자방법입니다.

이를 종가매매라고 합니다.

매주 주가는 월요일에 강세가 많습니다.

희망을 품고 시작하기 때문입니다.

일봉과 마찬가지로 금요일까지 가는 과정에는 보통 하락합니다.

만일 금요일이 그 주의 최고점이라면

그 주식은 투자하기 좋은 주식일 확률이 매우 높습니다.

주가가 대폭락하는 날이 금요일이 많기에

검은 금요일(Black Friday)이 많은 이유이기도 합니다.

주 단위 주식 투자를 한다면

희망이 있는 월요일과 화요일은 매도가 유리하며,

금요일 힘이 약한 날 힘이 좋은 주식을 발굴하면

높은 수익이 가능할 것입니다.

월로 보면 월초에는 희망으로 시작하여

월말은 실망으로 마무리되는 것이 보통입니다.

만일 월말에 최고 주가라면

그 주식은 정말 투자하기 좋은 주식일 확률이 매우 높습니다.

희망찬 매월 초 매도를 하고

생활비, 카드값 등 결제가 많은 월말은 통상 주가가

월초대비 하락하기 때문에 월말에 강한 종목을 발굴한다면

좋은 투자방법입니다.

년으로 보면 1월에는 희망을 품고 시작하기에

전통적으로 주가는 강세입니다.

만일 1월 주가가 약세라면 그해에 주식 투자는 힘들 수도 있습니다.

2022년 1월 주가가 약세로 시작해서 1년 내내 하락장이었습니다.

일봉 최고가도 좋은 주식이 될 수도 있지만

주봉이, 월봉이, 연봉이 최고가라면 성공확률은 더 높아집니다.

주식 투자 희망과 실망 사이 기억하면 좋습니다.

주식 투자는 반려견과
산책하는 것과 비슷합니다

반려견과 산책을 하는 일은 참으로 즐겁습니다.

이는 주식 투자에서 수익을 내는 상황과 비슷합니다.

통상적으로 사람과 반려견은 보조를 맞춰 산책합니다.

기업의 실적과 주가는 통상 사람과 반려견이 보조를 맞춰

산책하는 것과 비슷합니다.

그러나 항상 반려견이 사람과 보조를 맞춰 가는 것은 아닙니다.

반려견이 기분이 좋을 때,

힘을 주체하지 못하고 사람을 끌고 앞으로 뛰어갑니다.

사람은 반려견의 주체못하는 힘 때문에 딸려가거나 끌려갑니다.

주식 투자에서는 이를 오버슈팅 또는 버블이 끼었다고 이야기합니다.

오버슈팅과 버블은 바로 사라지지는 않고

관성 때문에 상당한 시간 동안 유지되기도 합니다.

이때에는 조급하게 주식을 파는 것보다는 느긋이 즐기면서 파는
여유가 필요합니다. 시간이 지나면 반려견도 사람과 동행을 합니다.
즉 주가도 개별기업의 가치에 수렴한다는 이야기입니다.
또 어느 때에는 반려견이 움직이지 않거나,
뒤에서 따라오지 않고 그 자리에서 버티기도 합니다.
힘을 줘서 줄을 당겨도 요지부동 움직이지를 않습니다. 맛있는 간식
으로 달래기도 하고 때론 그냥 움직일 때까지 기다리기도 합니다.
맛있는 간식으로 반려견이 움직인다면
이는 개별기업의 호재가 발생하였다고 생각하면 됩니다.
오랜 시간 동안 반려견이 그 자리에 머물러 있다면
때때로 나타나는 폭락 시기 또는 대세 하락기라고 보면 됩니다.
백약이 무효할 정도로 주가는 움직이지 않고 오히려 하락합니다.
정말 오랜 시간 인내하여야 하는 것과 비슷합니다.
그렇지만 그 인내의 시간이 지나가면 반려견이 주인과 동행하듯이
주가는 개별기업의 실적에 수렴합니다.
평생 주식 투자를 한다면 사람이 반려견과 산책하듯이
주가의 버블은 즐기고 주가의 하락 또는 폭락은 인내해야 합니다.
자주 나타나는 불황기의 상황입니다.
그 역시 주가는 가치에 수렴합니다. 다만 시간이 걸릴 뿐입니다.
주식 투자는 반려견과의 산책과 비슷하다는 것을 염두에 두고 투자
한다면 수익은 늘리고, 스트레스와 손실은 줄일 수가 있습니다.

적립식 펀드 투자보다
더 좋은 적립식 투자

주식 투자에서 가장 안전한 투자 방법 중 하나가

적립식 투자라고 합니다.

적립식으로 한 종목에 투자하기가 힘들어서

우리는 적립식 펀드에 가입하여 매월 일정한 금액을 투자합니다.

적립식 투자의 장점은 주가가 하락할 때 자동 투자를 하여

더 많은 주식 투자가 가능하게 하여

평균 단가를 낮추는 효과가 있습니다.

이는 향후 주가 상승할 때에는 안전하게

수익이 가능하게 하는 순기능이 있습니다.

이는 급여생활자가 3년 또는 5년 적금처럼 투자하면

위험은 회피하고 수익을 가능하게 합니다.

그러나 2022년처럼 주가가 꾸준히 하락하면

평균 단가를 낮추는 효과는 있습니다만

계좌 수익은 계속 손실이라서 투자하는 재미는 별로 없을 것입니다.

주가는 늘 '오르고 내리고'를 반복합니다.

2022년처럼 계속 내리는 폭락은 종종 발생합니다.

보통 개별 주식은 고점 대비 30~50% 하락은

거의 매년 발생합니다.

여기에 착안하여 저축과 적립식 투자를 병행하면

수익을 극대화할 수도 있고 또 손실 발생 기간을 줄이고

수익 발생 기간은 늘릴 수가 있습니다.

예를 들어, 대한민국에서 가장 힘센 주식인 삼성전자에

적립식으로 투자한다고 가정하면

매월 100만 원을 그냥 은행에 예금합니다.

삼성전자 주가가 고점 대비 30% 정도 하락을 한다면

그때부터 삼성전자를 매월 적립식으로 투자하면 됩니다.

은행에 저축할 돈 100만 원 + 기존에 은행에 저축된 돈의 1/12을

적립식으로 같이 투자하는 것입니다.

그러면 수익은 빠르게 그리고 크게 볼 것입니다.

만일 삼성전자 주식이 최고점에서 −20%대로 회복한다면

그때부터는 그냥 저축만 합니다.

그리고 다시 −30% 이상 주가가 하락하기를 기다리면서

기존에 투자한 삼성전자의 수익을 기다리면 됩니다.

삼성전자만 투자하기에는 변동성이 적어 기다리기가 힘이 들기 때문에 S-OIL, 고려아연 같은 종목을 추가하여 5종목 내외를 발굴하여 종목별로 하락 가중치를 두어

35% 이하 하락할 때 투자 종목,

40% 하락할 때 투자 종목,

혹은 45% 이하 하락할 때

투자하는 종목을 미리 선정하여

주가가 하락할 때마다 적립식 투자와 저축을 병행한다면

수익을 키우고 손실을 줄이는 투자가 될 것입니다.

이 방법은 고정수익이 발생하는 급여생활자에게는

위험은 대폭 줄이면서 단기간에 큰 수익을 줄 것입니다.

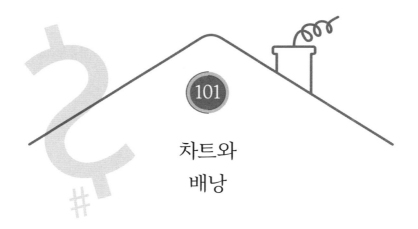

101

차트와
배낭

차트의 의미를 어떻게 설명하면 쉽게 가슴에 와 닿을까 고민하였습니다. 사실 차트는 주식 투자를 하는데 많은 정보를 줍니다.

비단 주식 투자 외에도 많은 투자 상품에 차트가 이용됩니다.

차트가 중요함에도 많은 사람은 차트의 의미를 잘 모르고 투자를 합니다.

특히 주식 초보자는 차트를 더 알아야 함에도 차트를 모르고 투자를 하는 사람이 많습니다. 그래서 가장 쉽게 차트를 설명하고자 합니다.

5일선 차트란?

배낭에 5kg 무게를 넣고 걷는 것에 비유할 수 있습니다.

트래킹도 부담 없고, 산행도 부담 없듯이

5일선 위에 있는 주식은 편안하게 투자를 하면 됩니다.

10일선 차트란?

10kg 배낭 무게로 다닌다고 보면 됩니다.

5kg보다 조금 무겁죠?

그래도 산행이나 트래킹 못할 정도는 아닙니다.

그러나 산이 가파르면 조금 부담스러운 무게이기도 합니다.

10일선 위의 투자와 비슷합니다.

그럼 20일선 차트란?

20kg의 배낭을 메고 산행이나 트래킹하는 것에

비유할 수 있습니다.

사실 20kg는 남자도 부담스러운 무게입니다.

잠시 20kg는 감당할 수 있지만

장거리를 다니기에는 무리가 따르는 무게입니다.

그렇지만 장거리나 비박 등을 할 때는

20kg 가까이 메고 등산을 하기도 합니다.

그러나 산이 가파르거나, 많이 걸으면 힘이 드는 무게입니다.

20일선 위의 투자는 때때로 많이 힘들기도 합니다.

그렇지만 투자하지 못할 정도는 아닙니다.

힘센 놈 세력은 가끔 20일선을 붕괴시키면서

개미들에게 주가 하락의 공포를 심어주고 팔게 하여

물량을 빼앗기도 합니다.

불황기에는, 주식 시장이 폭락할 때는 차트가

거의 60일선, 120일선, 240일선 등 차례로 무너지며

그 아래에서 대다수 움직입니다.

이는 60kg 배낭 무게 또는 120kg 배낭 무게를 가지고

산행이나 트래킹이 가능할까요?

불가능하겠죠?

개인이 투자해서는 안 되는 때가 60일선 차트가 무너졌을 시점입니다.

하락장, 폭락장도 시간이 지나면 주가는 반등합니다.

그럼 어떤 주식부터 투자할까요?

그것은 5일선 위에서 움직이는 종목, 10일선 위에 움직이는 종목, 20일선 위에 움직이는 종목에서 답을 찾아야 빠른 수익이 가능합니다.

가장 좋은 종목은 20일선 위에, 10일선이 있고, 10일선 위에 5일선 차트가 있다면 금상첨화입니다.

5일선이 먼저 치고 나가야, 10일선이 따라오고,

또 20일선이 따라오는 것입니다.

그 이유는 힘센 종목이 먼저 치고 나가기 때문입니다.

폭락장에 큰 손실을 경험한 사람은 배낭의 무게가 주는 교훈인 차트의 의미를 잘 생각하여 언젠가 오는 상승장과 폭등장에서 큰 수익을 보길 진심으로 축복합니다.